萧红评传

[美] 葛浩文 著

北方文艺出版社

图书在版编目（CIP）数据

萧红评传 /（美）葛浩文著. -- 哈尔滨：北方文艺出版社，2019.1
 ISBN 978-7-5317-3855-8

Ⅰ.①萧… Ⅱ.①葛… Ⅲ.①萧红（1911-1942）-生平事迹 Ⅳ.①K825.6

中国版本图书馆CIP数据核字（2018）第092051号

萧 红 评 传
Xiao Hong Pingzhuan

作　者／［美］葛浩文

责任编辑／王　爽　王丽华　　　　　封面设计／锦色书装
出版发行／北方文艺出版社　　　　　邮　编／150080
发行电话／(0451) 85951921　85951915　经　销／新华书店
地　址／哈尔滨市南岗区林兴街3号　　网　址／www.bfwy.com
印　刷／北京诚信伟业印刷有限公司　　开　本／880mm×1230mm　1/32
字　数／172千　　　　　　　　　　　印　张／9.5
版　次／2019年1月第1版　　　　　　印　次／2019年1月第1次印刷
书　号／ISBN 978-7-5317-3855-8　　　定　价／59.00元

永远的萧红
——再版序

《萧红评传》的英文版于1976年出版,后来翻译成中文,几经修订,再版出版至今差不多半个世纪了,如今北方文艺出版社计划再度出版,让我既惊讶又高兴。

与其说因为拙作对萧红的研究有所贡献,不如说是萧红的魅力吸引中国一代又一代的读者阅读并研究她的作品。

曾经有不少中国及海外学者说是我"发现"了萧红,更有人说如果没有我,中国读者不会知道有这么一个作家,这个说法实在有点儿言过其实。萧红的作品有高度的文学性和可读性,相信总会有人阅读,我不过是因缘际会,碰巧是第一个专门以她的作品作为博士学位研究主题并撰书出版的人而已。其实,作为第一个研究萧红的学者我也相当"吃亏",当时资料十分匮乏,加上种种政治因素,我甚至必须到日本的京都大学做研究,因此第一版有所遗漏,后来幸好有机会补上修正。几十年来，中国以及海外后起之秀不断有新的著作也可谓"青出于蓝而胜于蓝"了。托改革开放之福，学者得以接触各种资料，不少是我当年根本无法得知，当然也无缘使用的。不过我个人认为，以一个老外的身份研究萧红，我有不同的观点视角，拙作对萧红研究自有其独特的成就吧。

除了鲁迅以外，中国"五四"前后的现代作家只有萧红享有如此持久的声誉。她短短的一生写出的作品至今还有如此广大的读者群，原因十分复杂，我认为部分与她的人生际遇有关。身为一个女性作家，她的题材不免触及女性生活的各个层面。她出生并成长于东北，由于当时的历史，政治，文化背景——战争，逃难……最终因庸医误诊而死于香港，另外她生命中的几个男人对自己的影响，等等，都赋予她人生悲剧的色彩，使得她的人生充满戏剧性。但一个作家能有持久的影响力，最重要的因素还是她的作品能与各个时代的读者产生共鸣。萧红作品的多样性是现代作家极少可以与之相比的，她写过自传性的《呼兰河传》，语言朴实却又具有独特魅力；讽刺小说《马伯乐》，哑剧《民族魂——鲁迅》，更有感人肺腑的文章如《回忆鲁迅先生》及散文式的自传《商市街》，等等。当代中国有不少作家自承受到最大的影响来自萧红（如王安忆、虹影、迟子建、张洁等），这更是为萧红的写作成就做见证。可以想象未来还会有更多作家如是说。

很遗憾没有机会与萧红相识，但比起当代许多学者，我还是非常幸运的。20世纪80年代初期我认识了一些东北作家，如萧军、端木蕻良、舒群、骆宾基、罗烽、白朗，甚至还有与萧红相识的丁玲和周海婴。他们与我分享当年萧红的生活以及哈尔滨和青岛，上海等城市的种种，让我如身临其境，这有助于我翻译《马伯乐》的第一和第二部，即将出版的第三部。

萧红在《永远的憧憬和追求》中提起，父亲打她时，祖父会安慰她说："快快长吧！长大就好了。"但是"'长大'是'长大'了，而没有'好'"。她短短的人生的确漂泊不定、动荡不安，然而在这样的情况下，她依然完成了许多脍炙人口的作品。随着时间的流逝，她的魅力并没有丝毫消减，仍然有那么多的读者、学者阅读和研究她的作品。我希望这部《萧红评传》也能跟萧红的作品一样持久。

目　录

第一章　呼兰河——永久的憧憬和追求　001

第二章　哈尔滨——萧红的新世界　016

　一、落花流水春去也　020

　二、在文艺阵营及社会上的崭露头角　022

　三、《跋涉》　028

第三章　文坛崛起之过程——由青岛到上海　043

　一、上海——寂寞的开端　048

　二、鲁迅和上海文坛　050

　三、萧红与鲁迅　053

　四、《生死场》　057

第四章　上海和日本的岁月　079

　一、上海：1936年　079

　二、《商市街》　082

　三、"文学论战"的重新启幕　089

　四、《桥》　091

五、扶桑之旅：幻灭和悲愁　　　097

　　　六、《牛车上》　　　103

　　　七、鲁迅的逝世　　　109

第五章　命定独行的萧红——"我好像命定要一个人走！"　　　121

　　　一、上海：1937年　　　121

　　　二、湖北、山西和陕西（1937—1938）　　　130

　　　三、重庆时期（1938—1939）　　　142

　　　四、《旷野的呼喊》　　　145

　　　五、《回忆鲁迅先生》　　　150

第六章　萧红人生旅程的终站——香港　　　166

　　　一、1940年——抵港后的日子　　　166

　　　二、《马伯乐》　　　171

　　　三、《呼兰河传》　　　180

　　　四、1941—1942年：萧红在日军占领香港时的病危与去世　　　191

　　　五、后记　　　201

第七章　萧红及其文采　　　213

　　　一、作品主题及其写作态度　　　213

　　　二、萧红的文体与技巧　　　224

第八章　结论　　　　　　　　　　　　　　237

附录一

　　"九一八"致弟弟书 / 萧　红　　　　　248

　　萧红·绝笔？/ 葛浩文　　　　　　　　254

附录二

　　萧红研究资料目录索引（1933—1982）　257

英文原版序　　　　　　　　　　　　　　285

香港初版序　　　　　　　　　　　　　　287

哈尔滨版序　　　　　　　　　　　　　　289

香港再版序　　　　　　　　　　　　　　293

第一章 呼兰河

——永久的憧憬和追求

东北大平原位于中国的北方，西连蒙古边缘的大兴安岭山脉，北接西伯利亚，黄海和朝鲜半岛是它东南方的屏障。

在20世纪初叶，整个东北的人口仅约三千万，大部分是清末从关内移出的汉人。

东北沃野千里，素以农产丰饶著称。位于东三省最北端的黑龙江，"到处是大河广原和人迹不到的远山峻岭"[①]。黑龙江的省会哈尔滨，坐落在南端的松花江边。黑龙江与松花江为黑龙江的两大河流。松花江由北流经吉林，然后东向经哈尔滨，再渐北转，流灌黑龙江盆地。

20世纪初期，东北大城之一哈尔滨，居民不是从关内移来的汉人，就是从俄国移去的白俄。事实上，自俄国十月革命以后，大部分逃到中国的白俄都在这里定居。

在哈尔滨东北约30里，有个呼兰县，由松花江支流呼兰河流经该地而得名。呼兰县城位于呼兰河北岸。②像坐落在所有农产中心的其他小城一样，呼兰县也仅是个农民赶集的地方。城里有几家供应日常必需品的小商店，几所学校，和一些住宅。在萧红的杰作《呼兰河传》中，她曾以简练生动的文笔描绘出民国初年呼兰县城的乡间景色：

  呼兰河就是这样的小城，这小城并不怎样繁华，只有两条大街，一条从南到北，一条从东到西，而最有名的算是十字街了。十字街口集中了全城的精华。十字街上有金银首饰店、布庄、油盐店、茶庄、药店，也有拔牙的洋医生。那医生的门前，挂着很大的招牌，那招牌上画着特别大的有量米的斗那么大的一排牙齿。这广告在这小城里边无乃太不相当，使人们看了竟不知道那是什么东西，因为油店、布店和盐店，他们都没有什么广告，也不过是盐店门前写个"盐"字，布店门前挂了两张怕是自古亦有之的两张布幌子。

  ……城里除了十字街之外，还有两条街，一条叫做东二道街，一条叫做西二道街。这两条街是从南到北的，大概五六里长。这两条街上没有什么好记载的，有几座庙，有几家烧饼店，有几家粮栈。……

  东二街上还有两家学堂，一个在南头，一个在北头。都是在庙里边，一个在龙王庙里，一个在祖师庙里。两个都是小学。

龙王庙里的那个学的是养蚕，叫做农业学校。祖师庙里的那个，是个普通的小学，还有高级班，所以又叫做高等小学。

这两个学校，名目上虽然不同，实际上是没有什么分别的。也不过那叫做农业学校的，到了秋天把蚕用油炒起来，教员们大吃几顿就是了。③

从上文中可以看出呼兰县是个非常宁静、落后的小城。居民大都是些保守而又迷信的农夫、手艺人、小贩，以及几个读过些书的塾师，还有所谓的乡绅们。

萧红就是在清朝被推翻的那年出生在这里的一个乡绅之家。④她是张家的长女，学名叫乃莹。张家是小康之家，祖先是从山东移来的。

萧红的父亲，是家长，也是当地张姓的族长。⑤每当描述到她父亲的时候，萧红总是直言不讳，她说：

父亲常常为着贪婪而失掉了人性。他对待仆人，对待自己的儿女，以及对待我的祖父都是同样的吝啬而疏远，甚至于无情。

有一次为着房屋租金的事情,父亲把房客的全套的马车赶了过来。房客的家属们哭着,诉说着,向着我的祖父跪了下来,于是祖父把两匹棕色的马从车上解下来还了回去。

为了那两匹马,父亲向祖父起着终夜的争吵。"两匹马,咱们不算什么,穷人,这两匹马就是命根。"祖父这样说,而父亲还是争吵。

九岁时,母亲死去。父亲也就变了样。偶然打碎了一只杯子,他就要骂到使人发抖的程度。后来连父亲的眼睛也转了弯,每从他身边经过,我就像自己的身上生了针刺一样,他斜视着你,他那高傲的眼光从鼻梁经过眼角,而后往下流着。

所以每每在大雪中的黄昏里,围着暖炉,围着祖父,听着祖父读着诗篇,看着祖父读着诗篇时微红的嘴唇。父亲打了我的时候,我就在祖父的房里,一直面向着窗子,从黄昏到深夜。⑥

萧红九岁时,母亲就去世了。在萧红的眼中,她母亲并不比她父亲好多少。在《家族以外的人》那篇和《呼兰河传》笔调相近的故事中,萧红承认她很害怕她的母亲。她说她的母亲常常打她,有时甚至用石头砸她。[7]她在其他的文章中也讽称她的母亲是一个"恶言恶色"的女人。[8]

《萧红小传》的作者骆宾基指出,萧红的父亲后来曾经续弦[9],但是萧红的命运并没有改善,据她的友人透露,萧红的继母(梁氏)也是虐待她[10]。

萧红三四岁的时候,她唯一的弟弟张秀珂出生了。[11]这位弟弟对姐姐相当友善,但是萧红对他却生不出好感。[12]萧红的父亲形容严峻,言笑不苟,始终没有表示对萧红的爱意。萧红的弟弟出生以后,身为地主,又是家长的他,自有许多大小事情,够他忙碌,使他没有多余时间和儿女接近。

萧红童年心目中的中心人物,是她的祖父张维祯。她曾在《呼兰河传》和其他散文杂记中陆续地,以充满爱意的笔调来描述这位老人。她那位慈祥善良的祖父影响了她的一生,关于她对祖父的回忆,是萧红日后所能得到的片刻陶醉的主要源泉。虽然祖父在她十多岁时就去世了(老人刚过了八十岁),但她却从未忘记祖父对她的爱和那段祖孙间相处的欢乐时光:

> 祖父不怎么会理财,一切家务都由祖母管理。祖父只是自由自在地一天闲着,我想,幸好我长大了,我三岁了,不然祖父该多寂寞。我会走了,我会跑了。我走不动的时候,祖父就抱着我。我走动了,祖父就拉着

我。一天到晚,门里门外,寸步不离,而祖父多半是在后园里,于是我也在后园里。⑬

如果说萧红的祖父是她童年的中心人物,那么她家的后花园该算是她童年生活中最重要的地方。她在那里不但可逃避家里的紧张气氛,而且更能和大自然发生密切的接触,从而领略到对于大自然的爱。所以从小她就梦想成为一个画家,要把大自然描绘出来。后来这个梦想并没实现,但是她美妙的笔,却写出了令人难忘的歌颂大自然景色的篇章。除了在园中赏花看草,追逐虫鸟嬉戏外,她还喜欢躺在柔软的草地上睡觉,同时也在回想大人们对她的种种。在全家所有的人中,萧红最讨厌的要算她的祖母(范氏)了。这个对那顽皮而又精力充沛的孙女丝毫不能容忍的祖母,体弱多病,但却凶狠专横。在萧红记忆中,她的祖母曾经用针刺入她指尖。⑭虽然祖母对她很坏,但萧红讨厌她的真正原因,却是她祖母对她祖父的冷漠态度。

祖父一天到晚是闲着的,祖母什么工作也不分配给他。只有一件事,就是祖母地楼上的摆设,有一套锡器,却总是祖父擦的。这可不知道是祖母派给他的工,还是他自动的愿意作,每当祖父一擦的时候,我就不高兴,一方面是不能领我到后花园里去玩了,另一方面祖父因此常常挨骂，祖母骂他懒，骂他擦得不干净，祖母一骂祖父的时候，就常常不知为什么连我也骂上。⑮

当萧红六岁时，祖母终于去世了。她祖母死前的长期卧病和死后的丧事，对萧红来说，有得也有失，有苦也有乐。当然她绝不会因祖母的去世而悲伤，一方面她太小，再一方面她根本不喜欢她的祖母。可是在这个时期中，她祖父却为了照应病中的妻子和安排丧事而忙碌，无法顾及萧红，因此她感到很寂寞。但祖母的去世也带给她一段快乐的时光。家中来了好些亲戚，包括萧红的堂表兄弟姊妹。这使萧红第一次有机会和他们结伴离开大合院，到离家一里地的河边去玩。在来往河边的路上，她看到了不少在后花园中不曾看过的奇观异象，她这才领悟到这世界竟还有这么多东西可看。正如她自己所说："祖母死了，我竟聪明了。"⑯

萧红家的大合院有三十多间房。她家只住正房，共有五间，祖父母住两间，父母亲和小孩子住两间，另有厨房、正厅及屋后两间黑暗的小贮藏室，里面放了许多张家列祖列宗的遗物。在天气阴雨不能到园子玩的时候，萧红总是爱在贮藏室中敲敲打打，有时打破一些被大人遗忘的宝物。院中其他房子不是用来贮藏粮食（"谷子少，耗子多"），就是租给养猪的或打面的。总之，院中除了张家外，还住了些各等各色人物，因此萧红得以看到许多罕见的人间悲喜剧。

士绅家中的子女都该受些教育,萧红也不例外。于是她结束了那段在花园中追逐嬉戏无忧无虑的日子,她的祖父负起了她的启蒙责任。在她童年的回忆中,提到学古诗是由跟祖父朗诵《千家诗》开始的。她之特别喜欢某首诗,正和其他学诗的孩子一样,并不是因为文的内容,而是由于文的声调和意境;有一次有人把她最喜欢的一首诗的内容解释给她听了以后,她就从此不读那首诗了。她特别喜爱描述大自然景象的诗。后来到了学龄后,也就是1921年,萧红十岁时,她进入了呼兰县南岗小学,又名龙王庙小学,念初小一年,及至1925年又进入了县立第一女子高小。[17]

以上描述的,仅是萧红十几岁以前的往事。就本书而言,萧红的童年生活是最重要的关键,在以上对张家大合院的描述中,已可窥见萧红童年生活的一斑。目前虽然无法判断她的母亲、继母及祖母对她日后心理上所产生的影响,但她对她那位漠不关心而又贪婪、小气、残酷的父亲,却是深恶痛绝的。她后来在哈尔滨最潦倒的一段日子中曾遇到她弟弟,弟弟恳求她返回呼兰,她回答说:"那样的家我是不能回去的,我不愿意受和我站在两极端的父亲的豢养……"[18]对于曾经做过当地教育局长和商会会长的父亲的不满,是她日后作品中所表现的那种愤世嫉俗的根源。父女的不和也使她产生对中国传统遗毒男权至上,以及"父母之命,媒妁之言"的婚姻制度的极端愤慨。

萧红祖父对她的影响,却全然不同。如果细读《呼兰河传》中有关她祖父的篇章或她的其他自传体散文或杂记,我们可以明显看出,祖父是她小时候唯一爱她的人。祖父的爱培养了她善良、热爱自然和美的天性。祖父也是她家中唯一敢仗义执言的人,她后来写道:

> 祖父时时把多纹的两手放在我的肩上,而后放在我的头上,我的耳边便响着这样的声音:"快快长吧!长大就好了。"二十岁那年,我就逃出了父亲的家庭,直到现在还是过着流浪的生活。"长大"是"长大"了,而没有"好"。可是从祖父那里,知道了人生除掉了冰冷和憎恶而外,还有温暖和爱。所以我就向这"温暖"的方向,怀着永久的憧憬和追求。⑲

呼兰本地有两件事对萧红有很大的影响:一是当地的农家生活;另一是她的孤独和寂寞。虽然她出生于士绅之家,但她童年的许多时间都在邻近的农家消磨。农民生活在她脑海中有着不可磨灭的印象,因此她日后两本重要作品的主角都是农民。至于她个人对农家的了解,以及她与农人的关系,在以下篇章中再详述。"孤寂"是她童年生活的另一面,折磨着她的一生。她是在缺乏爱、缺乏朋友的环境中长成，在她日后所写的回忆儿时生活的篇章中，可看出"孤寂"对她的敏感个性有多重大的影响。

注释

①［美］拉铁摩尔：《"满洲"：争斗的泉源》（ *Owen Lattimore*, *Manchuria*：*Cradle of Conflict*, New York, 1932），第14页。

②萧红虽称她那本自传体小说为《呼兰河传》，并在该书中一再指称她的出生地为"呼兰河"，但地图却仅列"呼兰"而无"河"字。

③萧红：《呼兰河传》，黑龙江人民出版社1979年版，第3—5页。对《呼兰河传》这本小说成书经过及它作为研究萧红传记资料的详情有兴趣的读者，请参阅本书第六章。

④萧红：《永久的憧憬和追求》，《报告》（上海）创刊号，1937年1月10日，第73页。该文又收入《萧红选集》（1981，北京），第3页。这篇自传式短文原应美国记者斯诺（Edgar Snow, 1905—1972）之请而作。原本计划用在斯诺主编的《活的中国》（ *Living China*：*Modern Chinese—Short Stories*, London, 1936）中做作者简介用。可是后来萧红的作品没收在斯诺所编书中，故这篇简介也没用。

端木蕻良在1957年8月15日《广州日报》上所写的一篇题为《纪念萧红，向党致敬！》的短文里说：萧红出生的确切日期为1911年端阳节（阳历6月2日），但因迷信那天生不祥，故延后三天，说是阴历五月初八生。关于萧红生日确实日期的调查与讨论,见肖凤《萧红传》(百花文艺出版社1980年版,第13页)。

⑤关于萧红身世的确实情况,说法不一,为解决此问题,近几年来国内讨论者费了不少笔墨,而笔者认为争论尚未"水落石出"。因之在此只好将两种不同的看法略略做一总结,让读者自个儿斟酌有关资料做出适当的结论。

据东北作家萧军所云,萧红的亲弟弟张秀珂,曾当面说他"疑心以至确定他现在的父亲张选三并不是他和萧红真正的亲生父亲。据他的说法——而且有据可证,他真正的父亲可能是个贫雇农的成分,他的母亲因为和张选三有了关系,把他们的生父谋害死了,而后带领他和姐姐——那时全很小——就名正言顺地嫁到张家里来"(见萧军编注:《萧红书简辑存注释录》,黑龙江人民出版社1981年版,第46页)。在《萧红和她的〈呼兰河传〉》一文中,作者(蒋)锡金有同样的看法(见王观泉编:《怀念萧红》,黑龙江人民出版社1981年版,第43—44页),但资料的来源恐怕多是由萧军著作而来。后来,萧红的弟弟(同父不同母)——张秀琢,在《重读〈呼兰河传〉,回忆姊姊萧红》一文中,说:"关于姐姐的身世,报刊上有的说她原来可能不姓张,她和弟弟是随着母亲一起嫁到张家来的,这种说法与事实不符。还有的说,萧红的父亲对萧红的母亲系属逼婚,这就更荒谬可笑了。"(见王观泉编:《怀念萧红》,黑龙江人民出版社1981年版,第48页)

另有铁峰、陈隄二位学者对此问题的学术争论。前者在《萧红传略》(《文学评论丛刊》1979年4期,第263—266页)以《东昌张氏宗谱书》(呼兰张家年谱)来证实萧红是张廷举(字选三)与其妻姜玉兰的亲生女儿。陈隄教授竟认为此说法站不住脚。他之所以否认萧红系张家之亲生女还有下列四点理由：

一、因为"家谱是后人修的,是对自己祖先的歌颂工具,反正家谱是留给后人看的,起到一点'慎终追远'的作用就行了,写的是真是假,也没有人去'追究'"(见陈隄:《漫话写萧红》,《学习与探索》1980年第1期,第116页)。因此作者认为《东昌张氏宗谱书》可靠性并不高。

二、萧军由萧红弟弟张秀珂所得知的资料应受重视。

三、因萧红自传体小说究竟是文学作品,作为作者生平的考据不十分妥当。

四、张选三对萧红的态度坏得不能算为父亲。作者云:"如果萧红真的是张廷举的亲生女,当1932年萧红困居于东兴顺旅馆半年多,几乎被押入妓院(见本书第二章——引者),呼兰与哈尔滨仅距六十华里,交通极便,哈尔滨又有很多张家亲故,难道张廷举一无所闻?(中略)即使亲父女关系坏到不可再坏程度,获悉自己女儿有入火坑危险,并有损于乡绅门楣岂能坐视不管?所欠旅馆六百余元,以张廷举之财势偿还此款,不过九牛一毛,亲生父亲真就见死不救,一毛不拔?(中略)"

"1946年4月东北人民代表大会在宾县召开,张廷举以开明士绅资格参与盛会,笔者也曾在会上碰到张廷举,那时笔者告诉张廷举说,萧红已于1942年1月病逝于香港,但张廷举听完之后毫无表情,别说自己生身父亲,就是一般爱好文学的人,一听到萧红的死讯,也都为之动容,难道听说自己的女儿已离人世,真就一点也不表现悲痛?"(第117页)

作者的结论便是:

"这些都说明萧红不是张廷举的亲生女,应是确定无疑的了。"(第117页)

笔者却认为还有可疑之处。何故?

1982年2月12日哈尔滨的一些学人在呼兰"走访九十二岁的萧红亲三姨姜玉兰亲三妹姜玉凤,并证实了张选三与姜玉兰确系原配夫妻,萧红确系张选三亲生女儿"。(何宏、戢克飞:《关于萧红家世的驳正》,1982年3月12日,未发表)那么,这是否算作"水落石出"?不见得;家谱既不能算作可靠的证据,有关人员——无论是谁的记忆与动机又有其可疑之处。

笔者对萧红家世问题曾说过:"这个谜是否将来有解开的可能性,我不得而知,现在很难断定谁是谁非,而这个问题对萧红作品研究有着它的重要性。"(见中国作家协会黑龙江分会:《创作通讯》1981年第4期,第19页)但说来说去,它的"重要性"并不在于事实,而应在于萧红对她家世的了解与反映,换言之,萧红对父亲等长辈的不满是"不可疑"的,而这种心理对她的著作确实有其影响。没得到父亲的爱确是一件极痛心的事,说不是亲生父亲也是减轻痛苦的方法之一;说出自地主家庭而成为前进作家,亲生父亲却是被谋害的贫穷雇农,对该作家的名声也自有它的作用。

⑥萧红:《永久的憧憬和追求》,《萧红选集》,人民文学出版社1958年版,第3页。

⑦萧红:《家族以外的人》,《牛车上》,文化生活出版社1937年版,第41页。又收入《萧红选集》,第22页。

⑧萧红:《呼兰河传》,黑龙江人民出版社1979年版,第79页。

⑨骆宾基:《萧红小传》,黑龙江人民出版社1981年版,第12页。此书原由《文萃》连载(第6—12期,1946年11月—1947年1月)。单行本原版由上海建文书店于1947年出版。

⑩景宋(许广平):《追忆萧红》,《文艺复兴》1946年第1卷第6期,第652页。又收入王观泉编:《怀念萧红》,黑龙江人民出版社1981年版,第17页。

⑪萧红:《呼兰河传》,黑龙江人民出版社1979年版,第78页。

⑫自萧红离家以后,她这位弟弟是她家中与她唯一有过联络的人。她在哈尔滨时至少见过他一次,后来在上海也见到他。在萧红的一篇散文——《"九一八"致弟弟书》(原载于桂林出版的《大公报》,1941年9月26日,第4版)里,她说明姐弟不但偶尔通信,并且于萧红从日本回国后到"七七"事变前,几个月的时间中,弟弟经常

到她的住处看她。

萧军与张秀珂也曾有过来往；他们俩于1946、1947年间在齐齐哈尔和哈尔滨等处见过几次。见萧军编注：《萧红书简辑存注释录》，黑龙江人民出版社1979年版，第45—46页。

⑬萧红：《呼兰河传》，黑龙江人民出版社1979年版，第68—69页。

⑭萧红：《呼兰河传》，黑龙江人民出版社1979年版，第69页。

⑮萧红：《呼兰河传》，黑龙江人民出版社1979年版，第70页。

⑯萧红：《呼兰河传》，黑龙江人民出版社1979年版，第88页。

⑰关于萧红在呼兰念小学的详细情况，见傅秀兰口述，何宏整理：《女作家萧红少年时代二三事》，《东北现代文学史料》，1980年第2辑，第83—84页；陈隄：《论研究萧红》，1980年11月18日（未发表），第10—11页。前文将萧红当时外表、读书态度以及生活实况写得极为清楚。

⑱萧红：《初冬》，《桥》，文化生活出版社1936年版，第97页。又收入《萧红选集》，第63页。

⑲萧红：《永久的憧憬和追求》，《萧红选集》，人民文学出版社1958年版，第4页。

第二章　哈尔滨

——萧红的新世界

1927年8月，萧红开始接受中等教育；那年她考进了哈尔滨的东省特别区区立第一女子中学（现名哈尔滨第七中学），年为十六岁，自然是寄宿生。[①]

当时第一女中虽是相当保守的学校，校长孔焕书的思想极为封建，但因为有一部分名教员，像学者楚图南和全国著名赛跑女将——"五虎将"（孙桂云等），该校在关内外算是有名的。萧红在校时不但功课念得好，据说她的散文也常在学校的壁报上出现[②]，总之她是第一女中一般同学都知道、钦佩的学生。

哈尔滨市在当时已是中国东北的文化商业中心。1932年，有个西方作家提道："哈尔滨和大连是现代化的大都市，它们的潜力远在北京、南京之上，甚至可以和上海并驾齐驱。"[③]由于是横贯西伯利亚大铁路上的转运重镇，哈尔滨成了中国东北最容易受到西方影响的城市。

萧红就到了这么一个国际化的大都会，不久就受到一连串新思想、新观念、新生活方式的洗礼。虽然她父亲不乐意让她升学，但他答应之后也许认为第一女子中学对萧红是最适当不过了：那是为富家女儿设的，非常保守，把女儿送到那边就读一定不会学坏。但他没有想到时代已经不同了，中国在文化政治方面的巨变，普遍地掀起了中国青年不安的情绪。在东北，尤其是那些大城市，这种情绪正如火如荼，就像是一触即发的火药库。

1928年底，萧红首次接触到由"五四"运动所触发的青年运动。在寒冬的某一天，她和同班同学们听到墙外群众的喧嚣声，到墙外一看，原来是城中男学生示威游行。女中的四百多名学生，始而对规模宏大的示威游行感到惊惧④，继而由于激昂的情绪和强烈的好奇心，终于不顾那严厉校长的反对，加入游行行列。示威游行的主题是反对日本侵占东北领土。

虽然那些参加示威游行的男生的热情和他们高喊的"打倒日本帝国主义"的口号，对萧红有着陶醉的作用，但作为一位刚从家庭温室中走出来的女孩，她并不全然了解日本侵占东北的情况。第二天，女中的学生没等哈尔滨市内男生开始活动，就先组成了她们自己的游行行列。萧红竟负起了散发传单的神圣任务。当然，这会引起警察的干涉。突然她为一种莫名的情绪所控制，鼓足勇气，要和警察对抗，接着就听到枪声。有些示威的人受了轻伤，因此除了喊"打倒日本帝国主义"的口号以外，又喊出了一个"打倒警察"的新口号。虽然这两天的示威是最后的一次，而且也没有任何实际的效果，但对萧红及她的同学而言，这次示威游行却是她们毕生难忘的大事，对她们的一生有着深远的影响。

骆宾基在《萧红小传》中说萧红是个沉默严肃而且非常孤独的女孩子；无论是她到哈尔滨前或是在此后的生活中，都表现出这种个性。她在学校最喜欢的科目是美术，老师是一位从上海回来的吉林青年高仰山。[⑤]她也喜欢历史，教这门功课的是一位来自北京大学的大学生姜寿山。这位老师除了教书外，还将当时最好的"新文学"作品介绍给学生。至于萧红对新文学的喜好，却是日后逐渐培养出来的。不过，她在校第一年的大部分时间及精力，都用于绘画上。

萧红对大自然的美有着特别的喜好。她之所以偏爱"伟大的自然"是由于逃避现实的心理——她想逃避她在呼兰家中所见到的狰狞丑恶的一切。她的才气却表现在对于自然景物的描写上，她对自然的爱好，可能不全是源于对周围人物厌恶的反抗心理。不论她爱好绘画的动机是什么，萧红却是完完全全地陶醉于美术中。只要是天气晴朗，只要她功课不忙，她总是徜徉于郊外和公园中，到处作画写生。她最爱去的一个地方是城里的马家花园，她在那花园中与其他同学组成了"野外写生会"。

在进女中以后，由于经常阅读哈尔滨的《国际协报》文艺版，萧红开始迷上了"新文学"。她当时对新文学的着迷竟凌驾了她对美术的爱好。她特别倾心于当时流行的"浪漫派"作品，尤其是描述旧社会不平的小说，以及当时西方文学的翻译作品。由于她接触到不少西方作品，因此她对"社会文学"也发生了浓厚的兴趣。

萧红的家乡虽离哈尔滨很近，坐车只要一小时左右，但她一直都不愿意回家，一则她零用钱少得不能再少，二来她不甘心回到她父亲的怀抱里。直到1929年寒假，萧红已于第一女中念了两年多的书的时候，她才回到呼兰县。⑥当时她还带回了鲁迅的《呐喊》和茅盾的《追求》。⑦第二年春，她又回到哈尔滨上学，她怎知道她那天真无邪的岁月就快到尽头了。当年夏天，毕业试考过，初中三年修业期满成绩及格的毕业证书拿到了，萧红再度回到家时，竟发现她父亲已将她的终身许配给一个大军阀的儿子汪殿甲。尤其不幸的是，那个唯一疼爱她的祖父也在那个时候撒手西归。⑧对萧红来说，家中已经没有丝毫值得留恋的地方。因此，她就断然决定逃婚，于是不足双十年华的萧红，从此就永远离开了家乡。

一、落花流水春去也

　　虽然逃婚是一件非常时髦而又令人赞许的大事，但对萧红来说，这却是她苦难折磨的开端。她在身心两方面所受的创伤此后却是有增无减。据说她离家后马上回到哈尔滨，和她以前认识的一位曾在女中教过书的李姓青年同居。⑨根据东北籍文坛前辈且为萧红好友的孙陵说，萧红与那位青年在哈尔滨郊外的一家旅店中同居，她对她自己所获得的自由和勇气非常快慰。⑩他们在哈尔滨过了几个月的双宿双栖的生活以后，乘火车去北平。骆宾基在《萧红小传》中说，李氏带萧红回家见过他太太和小孩。⑪当然，发现恋人"使君有妇"，对萧红来说真如晴空霹雳。在她回哈尔滨之前，她曾在北平上过学。鲁迅太太许广平说萧红告诉她曾在北平上过女师附中⑫，那么我们就可了解萧红留在北平那几个月的行踪了。我们所确知的是萧红在"九一八"前后，的确是受过"始乱终弃"的打击，事后她怀着一颗破碎、迷惘的心一个人返回哈尔滨。她凄凉而孤寂地生活着，并默默期待着腹中李姓青年的孩子的诞生。⑬

　　萧红个人的苦难正好和"九一八"国难同时发生。"九一八"事变发生在1931年9月18日，那天沈阳附近的南满铁路一段被炸，当时东北军阀张学良已向国民党政府投诚。因此，日本在东北利益受到影响。虽然日方租有旅顺、大连，并享有在整个东北的许多权益，但毕竟因为人数太少，常吃亏，更何况当时各地反日情绪高涨，动摇了日本人在东北的控制力量。基于上述种种因素，大家不难推测"九一八"事变是由日本驻军所制造出来的。事后，日军又迅速地造成一连串的军事冲突，终于在短期内占领了整个东北。次年3月，日方以逊帝溥仪为傀儡，制造出所谓"满洲国"，正式"建都"于长春，号称"新京"。

"九一八"事变的历史影响，我们不必在此多谈，当此国家危急存亡的关头，全国上下都以"救亡图存，重整复兴"为口号，但是萧红此时却自顾不暇，对国难未能付出关怀。

萧红刚由北平回哈尔滨时，到处向亲友、同学求助，但也到处碰壁。有段时间，她甚至趁以往同学去上课的时候，借她们的床铺睡觉，靠人家施舍过日子；到了晚上就只好到处流浪，随地栖身。就在告贷无门、衣食不继时，她遇到了她的弟弟。饥寒交迫，加上情感上的打击，同时又有身孕，种种凄凉，使她心灰意冷而觉得好像已经被整个社会抛弃。她说："也感到全人类离得我更辽远。"[14]虽然如此，萧红还是没有随她弟弟回家，因她不能也不愿回去。由于内心所拥有的自尊与自卑，她更不愿再去求助亲友、同学，最后只好在松花江岸附近的一家白俄开的东兴顺旅馆中租了一间小房间。那里的住客,大半是无赖汉与妓女。据孙陵所记载,萧红在1932年冬天,简直成了那旅馆中沮丧无告的囚犯。她穷途潦倒,不但无力付出房租和饭钱,而且据说又吸食鸦片。鸦片想必是由那谲诡的旅店老板所供应[15],她那时的景况真是惨不可言。

二、在文艺阵营及社会上的崭露头角

萧红非常困难地度过了寒冬,在东兴顺旅馆住了半年多的时间,渐渐到了山穷水尽的地步。为了作生死的挣扎,而似乎已被逼至走投无路,她最后捞救命稻草似的向哈尔滨的《国际协报》文艺副刊编辑投了求救的通讯。至于她投的到底是信是文(诗),接文件的人是谁,以及萧红如何终于获得释放,救星为何人等问题,说法不一。据舒群的回忆,他和萧军:

在《国际协报》副刊上看了一首小诗,诗的词句(中略)大意是一个姑娘自伤沦落,希望有人拯救。我和萧军(中略)忙去《国际协报》查询这"少女"的住处,查着了是哈尔滨饭店。

我们因此更加着急,忙寻到该饭店去,按着号数,果然找到了自伤沦落的小诗的作者。她那时正是大腹便便,快临产了。(中略)店主人把她当作"人质",要她自己赚钱来赎欠下的房饭钱。⑯

据舒群说,他和萧军先送她东西吃,想办法把她救出来。而刚好,哈尔滨当时涨大水,两位男"救星"趁店主不顾"人质"之时,雇了一只木划子,便把萧红接出来,立刻送她进产科医院,凑了一笔钱,帮她解决生产问题。日后萧红就和萧军于哈尔滨同居了。

舒群的回忆照理应当没问题,可是与其他有关此事的人士的说法,竟然相当有出入。

当时《国际协报》的文艺副刊主编是一位快四十岁的文人裴馨园。这位一般人都称之为"老斐"(或裴老斐)的编辑于1957年去世,虽然他生前对萧红此事没公开交代过,但他的妻子黄淑英,最近把往事作了一重述⑰。据黄氏的回忆,《国际协报》副刊人士得知萧红的难处是这样的情况:

大约是在松花江发大水之前,1932年的夏天,我丈夫告诉我说他收到了一个女读者的来信,在这里这个女读者似乎是指责了老斐,并写了"我们都是中国人"等样的话。老斐觉得很有趣,一边笑一边说:"在中国人里,还没碰见过敢于质问我的人呢!这个女的还真是有胆子的人!"后来又听说这个女人因为欠了旅馆很多的债,被困在了旅馆里——这就是后来的作家悄吟(萧红)。

老斐把信交给三郎看过之后大声地说:"我们要管,我们要帮助她。"我只知道三郎去看望悄吟了,怎么去的,我记不清了。[据萧军说是由老斐写了封"介绍信",并带了几册悄吟要借的文艺书籍于7月12日去道外正阳十六道街东兴顺旅馆二楼(应为三楼,笔者注)(中略),因为欠了旅馆六百多元的债,旅馆蓄意将她卖到妓院。——耘注][18]

黄氏接着说萧军把萧红接出来后,带她到裴家住,日后萧红在医院生产,出院又回到裴家,萧军几乎天天去看她。

舒群和黄淑英的回忆(后者也获得萧军的不少补充)自然格格不入,而舒、萧两位老作家至今仍坚持原来的说法[19]。但无论谁是谁非,我们可以肯定萧红出旅馆后不久进了医院生了李氏(或汪氏)的"孽种"。关于这个孩子的出生和下落,唯一详细而比较可靠的资料是萧军的回忆。据说,"等到萧军把萧红接出医院的时候,因为生活无着,萧红的身体又十分虚弱,萧军就把刚出生不久的女孩送给别人了"[20]。

此后萧红的命运有了很大的转机,现让我们改变话题来谈谈萧军——萧红生命中另一里程的奠基。

萧红能及时跳出火坑，青年作家萧军曾出了一臂之力。他俩此后同甘共苦地过了四五年。

萧军本姓刘，用的名字很多（学名刘鸿霖），在社会上用刘军或刘均，也时以田军、三郎为笔名。1907年，农历五月二十三，他生于辽宁省义县农家，有姊一人。[21]他父亲和两位叔叔，中年和晚年都是在抗日义勇军中度过的。他少年时历经变乱漂泊，后来幸而在军中找到一栖身之所。他从1925年到1931年中曾在各军种担任各种不同的大小职务。"九一八"事变发生时，他在沈阳，后来迁到比较安全的哈尔滨，在一间小旅店中落脚。在那里找不到工作，所带的一点钱又很快就花光了。次年3月，萧军亲往国际协报馆向编辑裴馨园求职。裴问他笔下如何，次日他即送上一篇文章，裴一看，大为赞赏，立刻聘请萧军为《国际协报》定期撰稿，按月支薪。[22]第二天，萧军的大作即以三郎的笔名见报。三郎是萧军在军中诨名，即"酡颜三郎"的后半。[23]此时的萧军鸿运当头，在那年夏天就认识了萧红。

萧军生得短小身材（身高仅五尺三寸），国字脸，目光锐利，加上咄咄逼人的弯弓眉，性格粗暴，常酗酒，与人发生口角、打斗。与萧军相比，萧红却是显得柔弱胆怯，并且当时的她真是身心俱疲，反抗无力。

萧红生产出院后，由萧军陪同回到裴家[24]，从此就在那里寄居，直到同年秋天，萧军脾气发作，于是被裴馨园夫妇驱逐出门。㉕萧军的坏脾气，不仅使他俩失掉了寄居的地方，也失掉了裴的友谊，从此两方面极少来往。这也是他俩另一段苦难的开端。他们过了一段穷途潦倒、饥寒交迫的日子。当时的萧红虽有人照料，但由于她周围的环境和虚弱的身体，她对前途仍不敢过分乐观。

接着的几个月，可以说对萧军、萧红是一大考验。萧军在没遇到萧红前，本是随遇而安、无所顾虑的。后来他俩有了写作能力，卖文为生，虽只百字一角收入不多，但自他们搬出裴家后就连那笔收入也没有了。搬出裴家后，二萧先搬进一所白俄开的欧罗巴旅馆㉖，萧军既不能煮字疗饥，又要照应像"小孩"似的萧红㉗，事迫无奈就想到做家庭教师，以解决民生问题。于是他就登广告，说是无所不教。㉘不久他就找到一个家庭教师的工作，教一个十来岁的小孩剑术——那是他多年来在军中学到的一招。他的束脩是每月二十元加上食宿。他俩就从旅店三楼的斗室，搬到商市街二十五号汪姓学生家中寄住，一直住到离开哈尔滨。

虽然有一份固定的长期工作，但他俩的生活离理想还很远。教一个学生的收入根本不够开销。后来他又收了几个学生，情况略有好转。但不幸的是，穷老师总难与那些富家子弟相处，一下子又吹掉了。收入不固定，三餐不继，更何况还有萧红的医药费用，这种种是他们生活的困扰。此外，那学生的姐姐，是萧红昔日同窗，和萧军过从甚密，这也引起萧红的妒忌和怨恨。虽然如此，在那个时期中，他俩也有过不少快乐时光。他们有时去游泳，有时去划船，有时去溜冰，偶尔也上上小馆子或是会会好友。但如果说在这时期的萧红已经不再寂寞，并不尽然。因为萧军常一个人外出，把萧红留在家里；萧红也开始了一些自己的活动，譬如她也当过一阵子家庭教师，也选修过俄文，可惜她的俄文一直没学好。

在1933年旧历年的前后，有一位朋友黄之明，常邀请他们和其他一些好友相聚。黄氏的住处——所取的名字是"牵牛房"——客人多属于当地文化界人士，如抗日烈士、画家金剑啸，革命作家舒群，以及一对年轻夫妇罗峰（傅乃诗）和白朗（刘东兰，另名刘莉）。[29]由于在牵牛房的聚会，这些年轻朋友组织了画会和话剧团。萧红和萧军结识的时候，也参加过赈灾画展，以卖画的钱去救济1932年夏松花江泛滥后的灾民。萧红为该画展画了两幅画，可是无人问津，最后还是带回家里自己欣赏。

他们在1933年组成的画会和"星星"剧团，开始时办得有声有色，尤其是剧团相当活跃。同年8月，他们排印了一部他俩合写的《跋涉》[30]，那是本短篇小说集，由他俩自己装订，自己送到书店去卖，据说印刷钱是舒群供给的。[31]

三、《跋涉》

《跋涉》由三郎（萧军）的六篇小说，悄吟（萧红）的五篇小说、一首短诗组成，该诗为萧红被困于东兴顺旅馆时所写的《春曲》：

> 这边树叶绿了，
> 那边清溪唱着：
> 姑娘啊！
> 春天到了！

萧红的小说都是在《国际协报》的《文艺》周刊（此时主编或许已是女作家白朗）和长春《大同报》的《夜哨》副刊[32]等刊物先发表的。

据一位当时的年轻人回忆：

> 1932年冬底，萧红用悄吟笔名参加《国际协报》的新年征文，发表了她第一篇创作小说《王阿嫂的死》。这虽是在圈内朋友的众多鼓励之下，而且一定当选的条件之下而写来的，但《王阿嫂的死》一上场便获好评，

应该说是《跋涉》集子里一篇属于成功的小说。平心而论，悄吟的文笔，在情理的倾诉上不及三郎，但在小说的安排和用字抒情的时候，却高出于三郎；尽管她的创作思想，许多地方是受自三郎那股向现实挑战的冲力的感染而来的。

王阿嫂是一个贫穷农妇，她的丈夫被地主阴谋烧死，她失掉了爱，也失掉了生活的依靠，最后她因为营养不良难产而死；扔下了由她领养的小孤女，哭喊着要和妈妈回家，"村子的远近处颤动着小姑娘的哭声"。

悄吟这篇处女作，可能取材自她自己的身世。她情感丰富地描写了一个农妇和一个小孤女的悲哀。值得注意的是，悄吟笔触下的这种悲哀，只是那样无可奈何的和无从申诉的悲哀，她写得很空虚，怅惘而不夸张，像眼前一层淡淡的薄雾，让你感到迷茫、伤感、叹息不已。

悄吟在《跋涉》中一共有五个短篇，除了《王阿嫂的死》外，《看风筝》《夜风》也都写的是农村故事。故事中的地主老太太、老太太的儿子和儿媳，悄吟都以一种近于自然主义的手法，把这些人的自私、吝啬、苛薄，刻画得非常深刻。悄吟来自农村地主的家庭，有理由可以相信，她可能把她的心目中憎恶的父亲、母亲、祖母的形象都一一搬进了她的小说。这应是构成她初作成功的重要原因之一。

　　悄吟另两个短篇《广告副手》《小黑狗》，则和三郎的一些散文小说相似，写的是他们在哈尔滨流浪生活时和饥饿与贫困的搏斗，体裁都不够谨严，算不了小说，也不是很好的散文。[33]

笔者对此五篇的看法与这位评者也似乎不谋而合，但可以补充一点：

萧红这五篇作品，虽然的确显得比较幼稚，结构不够紧凑，感伤气氛太浓，文字欠精练，人物刻画得不够真实等，不过作者的潜在力、文笔的优美、思想的表现还看得出来。萧红在七八年间所作的短篇大多数以女性为主要人物，文章的气氛总是沉闷的，结尾通常是悲哀的，文字相当朴素而生动。以这集子说，《王阿嫂的死》便是最能代表萧红的作风，跟后来写的《手》《牛车上》《旷野的呼喊》《山下》《小城三月》等短篇只不过大同小异。

笔者对《广告副手》的看法竟与司马氏不同。这篇显然是自传性的短文，不但"为以后的散文集《商市街》弹起了前奏"[34]，而且是作者若干自传体小说和类似作品的先驱者。该篇用的是"第三人称"的写法，故事的发展像电影一样，布景换来换去，从女主人公的内在思想与感情挪到男主人公的思想与感情；而最后两个人在一起时，这对年轻夫妇的反应和表现便让读者感到人与人之间的关系之复杂，同时也体会到爱情之易碎性。

《跋涉》出了不几日，立刻受到日军查禁，为了安全，他们只好将剩下的陆续销毁。过了不久，他们的一位朋友被日军逮捕，因此所有认识他俩的都非常担心。当时哈尔滨的政治情况日渐恶劣，到处都是日本奸细，人权毫无保障，成千上万的青年都向外逃，大部分加入抗日游击队和义勇军。这时他们的剧团虽在排练一个剧目，准备上演，但当局却百般刁难，硬要他们在伪满洲国成立的庆祝会上演出，这是他们绝对不能接受的。之后，剧团的处境也因此更为艰困。这是他们剧团解散前的一个小插曲。

当时他们的社员只有两条路可选：一是留下与日寇对抗，另一是设法逃亡。但大部分人都选择后者，所以他们也计划着逃亡。他们逃离哈尔滨的确切日期尚不可考，但是我们知道他们是于5月某日搭上去大连的火车[35]，然后经大连转乘日本货船"大连丸"到达山东的青岛[36]。从此萧红就再也没有回过她生长的家乡。

总之，萧红在哈尔滨待了大约六个年头。其间，她在哈尔滨亲眼看见日寇席卷整个东北，度过了艰苦潦倒的岁月。从好的方面想，她终于逃出专制独裁的家庭，至少也得到了某种程度的独立，她结识了一些朋友，并且开始了写作生涯。但是为了这些，她曾付出了无数代价。以她个人的健康而言，那时期她身怀六甲，长期流浪，饥寒交迫，以及那阴魂不散的胃病[37]，更加上鸦片的戕害（如果她真如所传上了瘾的话），从此她的身体衰弱多病，从未复原。就她精神所受的折磨而论，更是惨不可言。她的初恋遭到始乱终弃的严重打击，后来在松花江畔独自奋斗的艰辛，加上她与脾气相当暴躁的萧军相处的一年半，无人能想象萧红那种内向、敏感和缺乏自信的弱女子竟能活那么久。虽然她终于熬下去了，但留下满身的病痛和满心的创伤。

萧红和萧军在哈尔滨所过的共同生活，虽然很艰苦，但也有其快乐、轻松的一面，由萧红的《商市街》也能够看到一点；萧红朋友的回忆里也偶然有此类的叙述：

> 有一次在白俄很多的中国大街上，杨范（萧红的同学）看到二萧（中略）。当时二萧以卖文为生，生活很艰苦，但从情绪上看，都很快乐。[38]

在这些年来的艰苦岁月中，萧红的心理产生了三种变化：一是强烈的女权思想的倾向；二是显著的自怜情绪；三是性情更加内向。不可否认萧红自己的性格是她那个时期或日后一切忧愁不幸的源泉。她和萧军的结合，对她那短暂的一生也有着很大的影响。萧红此后所受的大部分折磨和所享的大部分欢乐，如不是直接由萧军所造成的，也是受到萧军的影响。许广平曾说："虽然萧红萧军日后分手，但他俩的认识却可算是'天赐良缘'。"㊴笔者却认为这种说法仍有商榷的余地，这要留在以下章节中继续讨论。

注释

①萧红高小毕业后进入第一女子中学是公认之事，而确实年份却是个谜，每个人说法皆不同，有说：

1925年；见丁言昭：《鲁迅与萧红》，《东北现代文学史料》1980年第1辑，第45页。

1926年；见铁峰：《萧红传略》，《文学评论丛刊》1979年第4期，第269页。

1927年；见肖凤：《萧红传》，百花文艺出版社1980年版，第14页；萧军编注：《萧红书简辑存注释录》，黑龙江人民出版社1981年版，第171—172页；陈隄：《萧红评传》，《东北现代文学史料》1980年第2辑，第61页。

1928年；见丁言昭：《萧红的朋友和同学》，《东北现代文学史料》1980年第2辑，第81页。

1929年；见骆宾基：《生死场，艰辛路》，《十月》1980年第1期，第219页（在1981年版的《萧红小传》第11页，骆氏将日期改成1927

年）；丁言昭：《萧红年表》，《东北现代文学史料》1980年第1辑，第55页。

这个问题，还是肖凤、陈隄两位的考据才合理。据前者云，萧红自己在散文《镀金的学说》（笔者未见）里讲到，她十五岁小学毕业，因为父亲不允许她继续升学，她在家里住了一年，"整整死闷在家中三个季节"之后，于十六岁升学了，这一年该是1927年（见肖凤：《萧红传》，百花文艺出版社1980年版，第28—29页）。陈氏则以萧红同学的回忆证实萧红是于1927年入学的："1927年8月，萧红考入这个学校，被编入初中四班，和她同时考入并编在一个班的有沈玉贤。"（见陈隄：《萧红评传》，《东北现代文学史料》1980年第2辑，第61页）

②丁言昭：《萧红的朋友和同学》，《东北现代文学史料》1980年第2辑，第81页。

③［美］拉铁摩尔：《"满洲"，争斗的泉源》。（*Owen Lattimore, Manchuria : Cradle of Conflict*, New York, 1932），第260页。

④萧红：《一条铁路的完成》，《萧红散文》，大时代书局1940年版，第77页（又见《萧红选集》，第47—48页）。本书中所有关于学生示威的资料，皆引自此文。

⑤肖凤：《萧红传》，百花文艺出版社1980年版，第14页，说这位老师姓曹，恐怕有误。

⑥陈隄：《萧红评传》，辽宁社会科学院文学研究所、黑龙江社会科学院文学研究所：《东北现代文学史料》1980年第2辑，第64、65

页，陈文有关萧红念中学的资料极为丰富，只可惜作者未注明来源，使得笔者不敢"照单全收"。

⑦骆宾基：《萧红小传》，黑龙江人民出版社1981年版，第20页。

⑧肖凤：《萧红传》，百花文艺出版社1980年版，第29页，指出关于张维祯去世年月有两个说法：一是1929年（铁峰），一是1930年（萧军）。其中无十分可靠的根据。

⑨石怀池：《论萧红》，《石怀池文学论文集》，上海耕耘出版社1945年版，第94页。石文为最早提到萧红与此人关系的文章：在石文中，李姓青年为一法学院学生。但在《萧红小传》第23页中，此人则被认为是女中老师。据张琳女士在《忆女作家萧红二三事》（原载于1942年5月6日重庆《新华日报》，第28页，后转收入王观泉编：《怀念萧红》，黑龙江人民出版社1981年版，第70—72页）一文中所云，东北作家舒群当面说萧红"受了哈尔滨法政大学的一个学生的骗弄，待她怀了孕，就把她抛弃了"（第71页）。

⑩孙陵：《萧红的错误婚姻》，《浮世小品》，台北正中书局1961年版，第33页。

⑪骆宾基：《萧红小传》，黑龙江人民出版社1981年版，第24页。

⑫景宋（许广平）：《回忆萧红》，王观泉编《怀念萧红》，黑龙江人民出版社1981年版，第17页。

⑬萧红这段苦难日子的问题，近几年来引起了很激烈的争论，而原先的小谜至今成为大谜。照肖凤、萧军、陈隄等人的解释，萧

红离家回哈尔滨，过着非常潦倒的生活，既没钱，又没有愿意帮忙的亲友。后来军阀的儿子汪氏也到哈尔滨向她求婚，萧红则不得已而离开哈尔滨一个人到北京。不料汪氏又跟来逼她同居，而后两人又回到哈尔滨住进东兴顺旅馆，最后汪氏抛弃已怀了孕的萧红回他呼兰的家。

铁峰（《萧红传略》）与骆宾基（《生死场，艰辛路》）另有个说法，虽然两文中有出入，但还是大同小异。二位都说萧红在1931年（骆氏说是1930年）第一次到北平，跟她一路是大学刚毕业的李洁吾老师（骆氏只称他是"李姓青年"）。不久后，萧红一个人回到哈尔滨，第二年又回到北平去念书。这时她发现她那位"男人"已经有妻子。萧红因此又一次回到哈尔滨与未婚夫汪殿甲，住进东兴顺旅馆。有关此后二位下落的说法与其他作者的说法相同。

1981年初，萧军的女儿萧耘访问了早在1930年认识萧红的李洁吾先生；李氏于是发表了《萧红在北京的时候》一文（《哈尔滨文艺》1981年第6期，第51—58页）。李氏说明他在1929年已于北京念书，在1930年放假回哈尔滨时便认识了萧红，当年9月他回北京，此时，萧红已到北平在师大女附中读书（她是7月报到的），此后他们俩常见面，一直到第二年1月她才回东北。据李氏的回忆："乃莹已回呼兰家乡，又听说她一回去，就被家里囚禁起来，因此患了神经病！"（第54页）；2月间，萧红又乘车往北平，又是李氏迎接招待，不到一个月，萧红的"未婚夫"汪氏来找萧红，数日后，两个人未经与朋友同学告辞便上车回东北。

可见李文将萧红在北平的日子叙述得很详细，不过与其他一手和二手资料有着一些令人摸不清的出入和矛盾，使读者感到这样仔细的回忆不知是否十分准确。

笔者之所以最后采用文中的说法有两个原因：一、骆宾基的《萧红小传》早在1946年写成；作者的有关萧红童年和哈尔滨及北平生活的资料大多是得自萧红本人当面的叙述（见本书第六章）。石怀池的《论萧红》、孙陵的《萧红的错误婚姻》及张琳的《忆女作家萧红二三事》，不但都是比较早的文章，也都具有较为可靠的根据（舒群的回忆等）。而近几年发表的文章在内容和年份上都有着矛盾。二、照李洁吾本人的回忆，他与萧红的交往一向是很好的，在哈尔滨和北平的来往也很多，可是汪氏本人和与萧红成亲之事一直都是萧红的"眼中钉"，因此她愿意和汪氏同居（被"骗"与否是无关的）是很可疑的事。

总而言之，像萧红其他的谜一样，这问题还没完全解开，但是整个的事件对萧红生活之不幸的影响显然是公认的——她是第二次为男人所伤害，这更加重了她的挣扎心态与对"重男轻女"思想的反抗。

⑭萧红：《初冬》，见《萧红选集》，第62页。

⑮此处所述萧红在哈尔滨的生活情况大都见诸孙陵著作中或是孙君当面告诉笔者的。张琳（《忆女作家萧红二三事》，王观泉编《怀

念萧红》，黑龙江人民出版社1981年版，第70页）也说："我私信她有鸦片的恶好。"

⑯张琳：《忆女作家萧红二三事》，王观泉编《怀念萧红》，黑龙江人民出版社1981年版，第71页。

⑰黄淑英讲述，萧耘整理：《二萧与裴馨园》，《东北现代文学史料》1982年第4辑，第81—86页。

⑱黄淑英讲述，萧耘整理：《二萧与裴馨园》，《东北现代文学史料》1982年第4辑，第83—84页。

⑲笔者于1980年8月间访问过两位作家。陈隄在《漫话写萧红》的第28页中说萧军的回忆才正确（根据没提），又说萧军送萧红到"道里地段街尽北头的日本赤十字会医院妇科，生了孩子后又把她送到旅馆"。这与黄文有点矛盾。肖凤的说法（《萧红传》，百花文艺出版社1980年版，第21—22页）又不同：她于1979年9月访问舒群所得到的资料是"最先得到萧红落难消息的是舒群（原名李书堂，哈尔滨人，以'黑人'为笔名）。（中略）他从《国际协报》《文艺》周刊编辑部听到这个消息之前，并不认识萧红，听说一个青年女子陷入了绝境，他见义勇为，决定立刻就去旅馆里探望"。看了萧红后，为了帮助她获得解放，便把情形转告一些朋友，而后老裴写好了介绍信派萧军去看萧红，结果他"带着萧红不辞而别了"（此根据萧军1979年5月的回忆）。

⑳肖凤：《萧红传》，百花文艺出版社1980年版，第23—25页。

资料来源有萧军访问记和他所著的《为了爱底缘故》一篇散文。

㉑萧军传记资料有《我的小传》《我的文学生涯简述》等,都收入《萧军近作》,四川人民出版社1981年版。

㉒据黄淑英的回忆(《二萧与裴馨园》,《东北现代文学史料》1982年第4辑,第83页):"只有我丈夫老裴是很看重三郎的。他认为三郎是个质朴的人,有才能的人,他不但请三郎帮他整理稿件,校对校样,最后《国际协报》文艺副刊就索性让三郎来选稿,编辑,代他去跑印刷厂,联系一切难于办理的事物。"

㉓关于"酡颜三郎"这日本味的名字的用法,见[美]葛浩文:《酡颜三郎文武考》,《中报月刊》第19期,第62—63页。

㉔参阅鲁迅在1935年7月16日给萧军、萧红,恭喜他俩同居三周年的信,见许广平编:《鲁迅书简》,香港百新图书文具公司1964年版,下册,第819页。萧红(悄吟)在1933年写的《弃儿》中,用小说方式描写有关此时的种种事情,见《大同报》(长春),1933年5月9日—17日,第五版。

㉕这段是萧红在她的《商市街》(上海文化生活出版社1936年版,第7页)中所记。黄淑英对此事也有所交代:"……在悄吟从医院分娩回来后不久,忘记了为了一件什么事(中略)就与三郎争吵了起来。年青的三郎脾气是很火暴而执拗的,(中略)越吵越凶,就这样彼此伤了和气,第二天吧,三郎就带着悄吟离开了我们家。"(见黄淑英:《二萧与裴馨园》,《东北现代文学史料》1982年第4辑,第85页)

㉖萧红的自传性作品《商市街》，第一章名字是《欧罗巴旅馆》，将他们的小房间与当时生活的小节描绘得又清楚又让人感动（见本书第四章）。以下有关1932年至1933年哈尔滨生活的资料，除另注明外，皆由《商市街》而来。

㉗萧军：《绿叶底故事》，上海文化生活出版社1936年版，第7—8页。

㉘登在大同元年（1932年）11月13日的《哈尔滨公报》的广告说：

兹有友人酡颜君愿

担任家庭武术文学教授。

投函及面洽地点：

道里外国三道街（即商市街）

廿五号院内四号房。

介绍人老斐

（萧军：《绿叶底故事》，上海文化生活出版社1936年版，第62页。）

㉙关于这个左翼文化人与地下党接头、集会的地方，"牵牛房"的活动与细节，见袁叶洁：《"牵牛房"忆旧》，《哈尔滨报》1980年8月3日，第三段；萧红：《商市街》数章；金伦（即金剑啸的女儿）：《"牵牛房"轶事》，《东北现代文学史料》1980年第2辑，第88—89页。由萧军的回忆，"牵牛房"的主人是已故画家冯咏秋，见萧军编注：《萧红书简辑存注释录》，黑龙江人民出版社1981年版，第84页。据金伦的说法（第88页），冯咏（她用泳字）秋是"牵牛房"当时的同住主。

㉚《跋涉》这本选集虽寄给鲁迅了,但从此未再版。1947年萧军在哈尔滨所开的鲁迅文化出版社重印《第三代》一书的广告中,将《跋涉》列为即将出版的六本书之一。一直到1979年10月这本集子才第二次问世,是由黑龙江省文学艺术所印行,书后有此说明:

《跋涉》原书为三十二开本,毛边。这次复制,排印时除采用简体字外,正文均按照原书版式重排,不作任何更改。封面、扉页、出版预告、目录页(包括萧军手书题记)均照原书影印。共印五千部。

萧军在《手书题记》中云:"此书于1946年我再返哈尔滨时,偶于故书市中购得。珠分钗折,人间地下,一帧宛在,伤问如之。萧军志,1966,3月27日于京都。"

㉛见肖凤:《萧红传》,百花文艺出版社1980年版,第41页。

㉜据肖凤(《萧红传》,百花文艺出版社1980年版,第34—35页)说:"他们还要扩大自己的阵地,于是他们又办起了一个名叫《夜哨》的刊物,这个刊名是萧军起的(中略)。由金剑啸、罗峰、舒群、白朗、萧红、萧军等人供稿,萧军集稿。"

㉝司马桑敦:《三郎悄吟的〈跋涉〉岁月》,《明报月刊》1981年第183期,第60页。

㉞肖凤:《萧红传》,百花文艺出版社1980年版,第38页。

㉟萧军:《八月的乡村》,人民文学出版社1954年版,《后记》第1页。

㊱萧军:《绿叶底故事》,上海文化生活出版社1936年版,《前言》

第4页。

㊲在《商市街》最后两章中,曾写到萧红得过胃病,去了好几趟诊所看病,最后在朋友家中休养了两周。此后她一直为胃病所苦。见萧红:《失眠的夜》,《七月》1937年第1期,第16页。又收入《萧红选集》,第120—123页。

㊳丁言昭:《萧红的朋友和同学》,《东北现代文学史料》1980年第2辑,第82页。由白朗的回忆中又可得到同样的关于二萧在哈时快乐一面的提及;见《遥祭——纪念知友萧红》,刊于《文艺月报》(延安,期号不详;该文为1942年4月10日写的),第8—10页。

㊴景宋(许广平):《追忆萧红》,王观泉编《怀念萧红》,黑龙江人民出版社1981年版,第18页。

第三章　文坛崛起之过程

——由青岛到上海

青岛位于山东半岛南端，扼胶州湾的入海口，是一个重要的港口城市。近百年来，青岛像哈尔滨一样与外人接触频繁：1898年，它被德国租借；1914年又被日本以武力侵占。第一次世界大战德国战败，日本在巴黎和会中要求接收德国在山东的所有权益。这种无理的要求，引发了"五四"运动，也导致了中国知识分子的普遍觉醒，青岛和其他所有的租借地终于被全部收回。

二萧决定投奔青岛，主要是由于他们在哈尔滨结识的旧友的催请；那位朋友就是"牵牛房"的常客、二萧的知己友人舒群。他在1934年，因为"失去了组织关系，面临危险，匆匆地从哈尔滨去青岛"[①]。舒群定居后，便写了信请二萧也到青岛来。二萧似曾计划由哈尔滨直奔上海，但舒群的邀请和哈尔滨本身的变乱，使他俩改变了初衷。二萧在大连停留了几天，大约6月初到达青岛，立刻搬进舒群为他们租好的房子。不几日，另一位被请到青岛的文人梅林[②]，也来到青岛。梅林原在烟台工作，这次停薪留职受聘来青岛主编《青岛晨报》。萧军负责编辑文艺版。[③]二萧在山顶上住一幢公寓，可透过窗子观赏两边海洋的景色，到报社走路只要一刻钟。[④]梅林和二萧一见如故，此后便成为二萧家中的座上常客，他们经常在一起吃便饭或联袂出游。他们此段时间的生活比在哈尔滨悠闲得多，乐观的气氛逐渐取代了昔日沮丧的情绪，因此梅林曾写下当时二萧的景况，其中以描述萧军的穿着最为抢眼：

三郎戴了一顶边沿很窄的毡帽，前边下垂，后边翘起，短裤、草鞋、一件淡黑色俄国式衬衫，如束一条皮腰带，样子颇像洋车夫；而悄吟用一块天蓝色绸子撕下粗糙的带子束在头发上，布旗袍、西式裤子，后跟磨去一半的破皮鞋，粗野得可以。[⑤]

每当读到萧红自传体的作品或有关她传记的文章时，我们常会惊奇地发现，除童年外，萧红的生活似乎充满了苦痛和不幸。她有着一个非常乏味寂寞的童年。在紧接着的几年学校生活中，她好像比其他同学紧张得多。后来在哈尔滨受到了一连串的折磨，这种种都显示着她那郁郁寡欢的一生。离开青岛以后，她变得更为内向，也遭受了更多的苦难；比较起来，萧红只有在青岛的短短五六个月中享受到了一点人生乐趣。以下是梅林对于萧红这段生活的追忆：

>……我们徜徉在葱郁的大学山、栈桥、海滨公园、中山公园、水族馆，唱着"太阳起来又落山哪"；而在年后则把自己抛在汇泉海水浴场的蓝色大海里，大惊小怪地四处游泅着。悄吟在水淹到胸部的浅滩里，一手捏着鼻子，闭起眼睛，沉到水底下去，努力爬蹬了一阵，抬起头来，呛嗽着大声喊：
>
>"是不是我已经泅得很远了？"
>
>"———一点儿也没有移动，"我说，"看，要像三郎那样，球一样滚动在水面上。"
>
>悄吟看了一看正在用最大的努力游向水架去的三郎，摇头批评道：
>
>"他那种样子也不行，毫无游泳法则，只任蛮劲，拖泥带水地瞎冲一阵而已……我还有我自己的游法。"
>
>她又捏着鼻子沉到水底下去。⑥

由以上这段平淡无奇的游记中，我们看到了萧红难得的轻松的一面。

更重要的是这时的萧红几乎全力从事写作。当萧军在报社上班时,她在家中写短篇,而且有时也着手撰写长篇小说。

当梅林看了萧红第一次在《青岛晨报》发表的一篇《进城》(现已失落)以后,发现她是个非常有希望、富有情感而又忠实的作家。他问她还写过些什么,萧红就将从前和萧军合写的《跋涉》给他看。⑦看过以后,他表示萧红的作品非常女性化,同时指出那正是萧红作品中的可贵之处,而不是什么缺点。梅林的夸奖对萧红可说是很大的鼓励。此后二萧即拟定日程表勤于写作,朋友们对二萧的这种精神很为佩服。

正当此时,《青岛晨报》却摇摇欲坠。据梅林的回忆:

> 大约是1934年的初秋,老李(即舒群)和他爱人在清华先后被捕,不久他俩被释放。10月初,报社外勤记者某君,在报道一艘轮船的消息时,被人说是扩大了事实,要来抓他,于是就离开报社出走了。接着经理(刘胖子)也离去,报纸停办。最后只剩下萧军、萧红和我了。面对这无人负责的报馆,我们也决定离开青岛去上海。⑧

萧军早就算到这么一天,所以10月初寄信给上海的鲁迅,问他是否需要他们写作的文稿;在当时这该是非常冒昧的,但事后证明这封信寄得恰是时候。10月9日,他们收到鲁迅的回信,说愿意看看他们的作品。萧红此时正好抄完了她上月写好的一篇小说,所以他们就拿这篇小说和《跋涉》一并寄给鲁迅。⑨鲁迅于同月28日收到。⑩鲁迅的回信给他俩带来了希望。自他们和中国当代文坛祭酒取得联络后,上海即向二萧招手,因之二萧和梅林三个人,于10月尾至11月1日期间的某一日同搭上了日本货轮共同前往四百里外的上海,大约翌日便抵达目的地。⑪

概括而言,萧红在青岛的一段日子中完成了她的第一部小说《生死场》(1934年9月9日)。⑫这本书出版以后,受到全国的普遍欢迎,并且获得各界重视,这时她只不过二十三岁。萧红因完成了此书,受到朋友的赞誉,她的生活开始有了生机,内心也愉快多了,但她的健康却没有太大的进步。在日常生活上,三餐虽有着落,但经济方面却仍不宽裕。秋凉时节,萧军还有一些较能保暖的衣服穿着上班,萧红只好躲在家里凑合着御寒,她终于染上了严重的咳嗽症。萧红的羸弱与萧军的壮健真不可同日而语。

虽然二萧的目标一致,但他们之间的感情却出现了显著的裂痕。萧红由于儿时的不幸,极端地需要爱和关怀;但这点竟被萧军全然忽视了,无论在青岛或是其后的共同生活中,萧军对萧红总是高高在上。他的这种傲慢态度,不但伤害了萧红,也得罪了许多朋友。不过他俩的关系并没有马上破裂,一则是萧红尽力让萧军的优越感和自大狂得到满足,再则是她需要一个伴侣,而那时除了萧军以外,别无他人可以依靠。

一、上海——寂寞的开端

> 我们是两只土拨鼠似的来到了上海!认识谁呢?谁是我们的朋友?连天看起来也是生疏的!我本要用我们余下的十八元五角钱作路费开始再去当兵,在上海卖文章的梦,早就不做了,只是想把我们写下的两部稿子留给他,随他怎么处置。不过在临行之先,我们是要见一见我们精神上所信赖的人,谁又知在这里连见一个面也还是这样艰难!⑬

上文中所说的"他"就是鲁迅;他们在离开青岛前曾与鲁迅联络,他们甚至把希望和信心都寄托在鲁迅身上。二萧刚收到鲁迅的第二封回信,说收到来信和原稿,至于会面则要等待将来的适当时机。由以上萧军的文章中可看出二萧对上海最初印象的一斑。

他俩到上海的头一天,就住在便宜的旅社中。第二天才外出找个地方长住,原有的四十元路费已用掉了一半以上。⑭梅林来过上海几次,对他来说,找房子就像是在法租界找个朋友那么容易,当天他就找到一间小房子。当他回到旅社时,知道二萧已经搬到法租界拉都路(Rue dela Tour,现名襄阳南路)

二八三号,他终于在那里找到他们。这是一幢新建砖房的二楼,位于法租界边上,相当宁静。窗外景色宜人,房中还有几件向房东借来的家具,据梅林表示,他俩对找到这个栖身之地,感到很满意。⑮

当时二萧没有几个知心朋友,就立刻邀请梅林搬来同住;梅林没有同意,他说如果三个人同住在一起,很可能一事无成。虽然二萧一再劝说,但梅林终不改初衷。于是这两个刚出道的年轻作家,就在这新居中按着写作日程辛勤地写作。但上海与哈尔滨毕竟不同:上海对二萧来说是人地生疏,何况上海作家如林,竞争非常激烈。生活有了问题,情绪也就受了影响。萧红埋怨说她投给上海各报章杂志的稿件像石沉大海,甚至连封回信都没有。

此时他俩继续和鲁迅联络。二萧在上海的第一个月共写了六封信给鲁迅,鲁迅也都马上回信。萧军在信中大都问候鲁迅个人生活起居,有时谈谈文艺,有时也请教鲁迅他俩应如何从事写作。鲁迅在回信中,除了答复问题以外,大都埋怨上海那批"所谓的作家们"对他个人的打击。萧军有次在信中要求鲁迅帮忙介绍工作,鲁迅却表示无能为力。⑯在同一信中,萧军提到因东北朋友的汇款还没收到,请鲁迅借二十元应急,鲁迅答应了他的请求。鲁迅的回信是他们的精神食粮,他们的希望和喜乐全部寄托在鲁迅的身上。萧红回忆说:"我们刚来到上海的时候，另外不认识更多的一个人，在冷清清的亭子间里，读着他的信，只有他才安慰着两个漂泊的灵魂。"[17]

11月27日，鲁迅约二萧于当月30日会面[18]，并邀请他们共进午餐，同时叫萧军带他的《八月的乡村》原稿来。他俩接到信后非常兴奋。30日那天中午，他们到鲁迅家附近的内山书店碰头，然后到不远的一家咖啡店中见到鲁迅夫人许广平和鲁迅儿子海婴。萧军在一篇追念鲁迅的文章中表示他俩和鲁迅初次会面时心情复杂：一方面能有机会亲自见到鲁迅使他们感到紧张和激动；另一方面看到鲁迅的病态，他们又感到难过。他们对于将鲁迅逼成"看起来像鸦片鬼"似的那群人极端憎恨。[19]当他们分别时，鲁迅拿走了萧军的《八月的乡村》原稿，同时借给萧军二十块大洋。虽然直到数月后，二萧才有作品出版问世，但这次与鲁迅的会面却带给他们继续留在上海，继续写作和实现梦想的勇气。

二、鲁迅和上海文坛

当二萧于1934年到达上海的时候，这个几十年来中国的金融工业的重镇已经成为中国的文化中心。对当时的作家而言，上海有很多诱人的地方，但其中最重要的却是享有治外法权的租界。当时许多重要作家属于左派，这些"唱反调"的作家可轻而易举地在租界上找到庇护所。而且上海是全国经济的心脏，所有出版社和大书店的总部都设在这里，作家的作品有机会在此出版。上海又是中国人口最多的都市，它给文艺界提供了广大的读者。因为上述种种因素，在20世纪30年代的中国，大部分重要作家，包括当时的文坛领袖人物鲁迅等在内，都以上海为家。鲁迅对萧红的写作生涯有极深远的影响。

鲁迅是当时已经成名的第一流短篇小说家，权威的文学批评家，也是青年崇拜的偶像。他于1927年迁到他所不喜欢的上海。虽然他在北京可以有更多的时间和更好的环境研究中国小说史，但为了积极有效地攻击中国的旧社会，批评那些文坛败类，他只好离开北京，于是年10月经广州到上海。因此对鲁迅来说，1927年10月是个非常重要的月份；因为他不仅在此月搬了家，而且本月也要算为他"左倾岁月"的开端。[20]

鲁迅刚在上海安顿下来就和茅盾同时遭到攻击，被指称是旧时代的渣滓，除非改变观念，否则对革命将无任何价值可言。他们的反对者包括郭沫若（1892—1979）领导的创造社和由蒋光慈（1901—1931）指挥代言的太阳社。总而言之，鲁迅和茅盾的罪名就是没有拥护那批批评人士所认为的对中国将来的发展极其重要的"无产阶级文学"。从某一角度来说，这种攻击似乎言之成理。他们非常清楚地看出唯有攻击鲁迅和茅盾的思想和破坏他俩在文坛的领导地位，才能使大众接受"无产阶级文学"的观点。鲁迅像他以往一样，兴致勃勃地和这批人士笔战。鲁迅的支持者也是如此,所以在那两年中,整个文坛都将精力用于这种论战上。之后,双方妥协,于1930年3月合组一个新的组织,称为"中国左翼作家联盟"——目的是推动"革命文学",并加速翻译西方进步作家的作品。鲁迅成了这组织名义上的领袖,而他的朋友瞿秋白(1899—1935)却是真正主脑,工作的实际推行人。

在"左联"创立后一年半左右,"九一八"事变发生,全国政治活动的目标转移到上海。当时,上海市激动的学生和其他民众公开批评政府对日本侵占东北领土所采取的犹豫不决的态度。1932年1月28日,日本对上海国际租界紧邻的闸北展开全面攻击。闸北全被炸平,人民死伤无数,鲁迅也在这次敌对行动中受到了困扰。

此后三年中,鲁迅虽然仍能笔耕不辍,但常常引起麻烦,有时也不得不逃入租界或他处以求得到一时的庇护。他的健康情形很坏:早年就患有肺结核,体重日渐减轻,又经常染上伤风感冒;新病加上旧疾,因此致命。同时他内心也常为"左联"内部派系之争而苦恼。萧红和萧军自于1934年11月30日与鲁迅第一次会面之后,常常为了诸如此类的琐碎争论以及周扬(周起应,1908—1989)等的攻击,为鲁迅打抱不平。二萧也因此成为鲁迅的忠实"内围分子",分担了鲁迅的不少愤恨和难题。

三、萧红与鲁迅

在开始介绍萧红和鲁迅这段颇不寻常的关系之前[21],笔者根据萧红当时的心理和情感状况做出下列几点分析:

尽管热爱萧红的人都把她描述成一个奋斗不屈的战斗者,一个非常现代而又富有反抗精神的女性;但如仔细研究一下她的一切,我们将会发现一个全然不同的萧红形象。当然这只是一种个人的主观之见。过了一个孤寂的童年之后,萧红这个天真无邪而又内向的女孩到哈尔滨上学了。由于她的个性,她在很多方面都易受到诱惑——尤其对于年轻、英俊、主动的异性的追求,更是缺乏抗拒力,因此她很快地上了"李姓青年"的当。由此推断,她之所以脱离家庭,可能不全是对于传统的反抗,而是由于后来和她同居的青年的鼓动。根据她被这位青年始乱终弃时的脆弱的身心状态看来,她被异性诱惑的弱点似乎是有增无减。正当此时她又遇上了萧军,她的脆弱、犹豫不决的个性与萧军刚愎狂妄的态度成了强烈的对比。在这个时期,萧红所表现出的并不是一个反抗传统的斗士,而是一个非常敏感、自怜而又缺乏自信的弱女子;她只想追求一个可资信靠的伴侣。在青岛的一段时光中,萧军的表现在某些方面使她感到失望。就在这情绪的低潮中,她见到了鲁迅。

鲁迅和二萧经常通信,帮他们看稿子,会见他们,并且设法替他们出版书籍等，那是不足为奇的。因为鲁迅认为"左联"的重要任务之一就是去发掘和介绍新进作家，培养文坛新生的一代。上文提到和鲁迅通信是他们生活中的一件大事；那些信并不是一般应酬式的短柬，而是充满着教诲和轻松笑语的信件。此外鲁迅常约他俩见面。在鲁迅第二次约他们见面并共进晚餐时[22]，同时被邀请的有日后成为二萧好友的聂绀弩和叶紫[23]；当时胡风也在被邀之列，但因事未到场[24]。这次的邀请对二萧来说，是他们一生的一大里程碑，使他们又激动又紧张。不久，他俩得到一个令人兴奋的消息：有家出版社愿意出版萧红的《生死场》，同时鲁迅已将该小说的原稿送中央宣传部"文艺审查委员会"审查，通过之后就可以出版。[25]由于效率低下，原稿被审查积压了半年之久，最后还是不予通过。一年后，此书终获出版时，鲁迅在序言中讥讽该委员会不开明的立场，同时也揶揄它最后的"烟消火灭"。

1934年12月底，二萧迁入拉都路的另一亭子间。[26]翌年1月间，鲁迅将他俩的文稿寄给好几家杂志，同时也一直注意《生死场》的出版印刷进展，而且劝告萧红如果审查委员会或出版社改动《生死场》的文稿，不必介意，因为最重要的是让《生死场》出版问世。[27]也许萧红的心情曾经受到出版日期延误的影响，因为鲁迅曾在给萧军的一封信中提到了逼迫萧红写作是徒劳无益的[28]。不久之后，好消息终于来临了：萧军的一个

短篇刊登在3月号的《文学杂志》,萧红的一个短篇也被《太白》杂志所采用。㉙

萧红于1935年1月26日脱稿的短篇《小六》,终于在3月5日以笔名悄吟在该杂志第一卷最后一期发表。虽然鲁迅在日记上通常都记着所收到的稿费数目,但没有提到萧红这篇的稿费。但我们相信为数不会太多,而且是由鲁迅转交的。萧红到上海早期的稿件都是由鲁迅代为寄出,稿费也是由鲁迅经手转交。在鲁迅3月5日的日记上有一段关于邀请二萧和叶紫上馆子的记载,也许就是为了庆祝二人的转运。㉚在路上碰到黄源和曹聚仁㉛,因此也就扩大了他们的庆祝行列。由于二萧的转运,他们结识了不少新朋友。那些新朋友大都是和鲁迅亲近的一些作家。他俩和鲁迅关系日渐密切,他们的作品也常被刊登:在那年的下半年,萧军竟有六篇作品登出,萧红也有两篇发表。他俩的写作生涯终于起步了,但收入仍不足以糊口,因此他们的生活始终靠着鲁迅的支援。㉜二萧一直与这位保护人保持着联络,而且见面的次数也日渐增加。5月2日,鲁迅、许广平和儿子海婴去法租界亭子间探望二萧并请他们吃午饭㉝,这可证明鲁迅对这对年轻夫妇的重视。

同年11月6日,萧红第一次到鲁迅家中登门拜望㉞,从法租界要坐一小时电车才到位于北四川路底的大陆新村的鲁迅住宅。鲁迅夫妇留二萧吃晚饭并长谈至深夜,这天是萧红生命史上的里程碑。几个月后（1936年3月），二萧搬到鲁宅附近，于是像这次这种梦寐以求的登门拜望，竟成了例行日课。

萧红与鲁迅之间的关系虽然重要，但那望穿秋水似的《生死场》在1935年12月间的问世更是一件大事。这本书早该出版，但因审查委员会的积压，一再拖延，最后还是靠鲁迅的安排才能出版。在该年五六月时，鲁迅自费出版叶紫的第一个短篇集《丰收》，这是"奴隶丛书"的第一集[35]。这"非法"的丛书是由上海容光书局出版发行的。同年8月，萧军的《八月的乡村》作为该丛书第二集问世——以田军为笔名。萧红的《生死场》成为该丛书的第三集，也是最后的一集。11月14日，鲁迅校阅完了稿件，做了一些最后的校正，写了一篇序言，然后把稿子寄给胡风[36]，第二天又将序言寄给萧红。12月，《生死场》出版了，这是她的第一部以萧红为笔名发表的作品。[37]二萧的作品几乎一出版就被查禁了，不过越查禁，二书越畅销。

我们现在来研究一下萧红的长篇（或该算为中篇）小说处女作——《生死场》；这本书不但使萧红成名，而且也被公认为萧红的代表作。《生死场》出版时，正是萧红一生中情绪最巅峰的时期。当时，她和她周围的人都认为她的前途较以往任何时期更有可为。她在鲁迅身上找到了她多年寻求的梦想特质——睿智和热诚，这是一个理想父亲的典型。鲁迅也在不知不觉中当了这个角色；在他1935年给二萧的最后一封信中说：

我不大希罕亲笔签名制版之类，觉得这有些孩子气，不过悄吟太太既然热心于此，就写了附上，写得太大，制版时可以缩小的。这位太太，到上海以后，好像体格高了一点，两条辫子也长了一点了，然而孩子气不改，真是无可奈何。㊳

四、《生死场》

萧红一生总共写了四部长篇小说。她的第一部——《生死场》，在很多方面都很突出。其中最重要的是《生死场》是四本中唯一对当时社会有相当影响力的作品。基于这一点，我们可以从下列两个不同，但并非截然无关的角度来研讨这部小说：第一，它对当时读者的影响及它唤起大众"抗战决心"的效果；第二，这部小说的动人笔调及它所产生的小说效果。

前面我们曾简略提到《生死场》出版后，萧红的名字就不胫而走。如果我们能了解当时日本侵略中国，使全国上下到了忍无可忍的地步的背景，这就一点也不足为奇了。虽然在此之前，也曾有过以日本侵略东北为背景的小说（如李辉英的《万宝山》，1932年），但萧红的《生死场》和萧军的《八月的乡村》却是当时在这方面最受欢迎的作品。萧红的《生死场》畅销的另一原因，也许是有鲁迅作序和胡风作《读后记》。《生死场》出版以后，有很多政治立场截然不同的评论家也异口同声称赞这不仅是萧红的杰作,而且是她在政治和文学方面传世不朽的作品。它显然把坚决抗日的精神,灌输给了早期读者。至于这种看法的正确程度,我们仅能加以臆测。但从萧红自该书出版后所享的盛名,以及当时该书为人所引用的次数,和它对当时社会的影响来看,上述观点实在有其事实根据。当初这本以描写农民反抗日本侵略者著称的长篇(或中篇)小说《生死场》共计一百五十五页(约八万字),其中提到日本的部分,只不过占全书的三分之一。若说这部小说是本"反抗性"的小说,是毋庸置疑的。但问题是它反抗的是谁?又为了什么?难道作者也想像萧军的《八月的乡村》一样,以她的这部作品去揭发那种逼得中国农民走投无路,终而奋起反抗日本的暴行吗?在回答这些问题之前,我们得回头仔细看看这部小说,看它到底写了些什么,写得如何,同时也研究一下当时的文评家对该书的评价。

《生死场》是以哈尔滨近郊农村为背景,描写"九一八"事变前后当地农家生活的一部小说。书中所描述的是一批农民和被他们视为瑰宝的土地及牲口的故事。对这批农民来说,生命向来就是个艰苦挣扎的历程。他们对于生命的态度也正是他们贫困生活的写照。这是部悲剧风格的小说,而一般读者通常盼望在实际生活及小说中偶尔能获得的轻松气氛,在本书中显然全无踪影。虽然在萧红这本书中,村民像法国作家左拉的《萌芽》(*Germinal*)一书中那些悲惨的矿工们一样,偶尔也有一些欢乐的时光,譬如农家偶尔聚在一起闲聊,青年男女的约会,等等,但结果总以悲剧收场。对读者而言,《生死场》美的地方是它那穿插于全书的农村景色和村民对事物及人生的淳朴态度。但是这片美的地方却为那种种残酷和无知所导致的丑恶所掩盖。作者在小说的前一百页中告诉我们说,当时的日子比以往任何时候都要难过。那无情的大自然和那贪婪的地主逼得村民们陷入绝境。可是从读者的眼光看来,自古以来,农村村民生活就是如此。他们所了解的真理也仅限于佛家所谓的"生、老、病、死"的轮回。[39]在《生死场》这部小说里,当村民们苦难的生活慢慢地展现在读者面前时,读者的心情也会跟着越来越沉重。读者们会看到"强迫婚姻"和它那悲剧性的结果;由谣传土地增税所激起的农民暴动失败的经过。读者们更看到那好像是永无止境的难产、衰老、病痛和自杀、意外、瘟疫、谋杀、饥饿等等不同形式的死亡。

借着故事的叙述,小说中的几个人物都在前一百页中陆续出场了。但是小说描绘的并不是某一个人或某一家的事迹,而是那整个村庄、村民的故事。村中农民们世代恬静的生活好像是一成不变似的。例外的似乎只有那一再出现的坟场——在这坟场周围,是一群觅食的野狗和散布在破墓四周的堆堆白骨。由于村民们陆续地死亡,坟场的面积不断地扩大,它的面目也在逐渐地改变。但是除此而外,另一个重要的改变也在地平线上出现了：有一天早晨，村民们突然看到了一个新东西，那是附近山冈上的营房，正飘拂着一面他们从未见过的旗子，"村人们在想：这是什么年月？中华民国改了国号吗？"㊵显而易见，那是一面日本旗，由于这个新的改变，许多新的情节即将在《黑色的舌头》这章中展现在读者面前。可是好像俗语所说"万变不离其宗"，那"生、老、病、死"的过程仍是残酷地在循环着。不过这次改变使村民死亡的速度加快，致死的原因也比以前增加了许多罢了。

日本鬼子很快地就将村民们逼到非反抗不可的地步；他们终于起来反抗了。但在书中我们所看到的仅是一些个人单独的行动，集体抗日只不过在酝酿阶段。这小说在一段很长但是很重要的枝节叙述之后，最后以充满希望的乐观口吻转入正题，并以之作为结束。二里半是书中最后一个加入抗日阵营的村民，终于放弃了他的唯一财产———只老羊（此羊是在第一章和最后一章出现的，是整本小说的主要象征之一），蹒跚地跟在同村的伙伴后面，加入抗日队伍。显然就是这样的结束，使得当时的读者们奔走相告，并使日后许多文评家们大声喝彩，称赞"小说真实地反映了东北人民在动荡年代中的生活，以及他们被迫反日斗争的觉醒过程"㊶。

在继续讨论它以前，让我们重新回到前面所提出的问题上：《生死场》是不是一部有关"政治觉醒"和触发"抗日精神"

的小说？它主要的目的是否在鼓动读者们以实际行动去抗日呢？如果答案是肯定的，它是否曾有效地达成它预期的效果？如非以抗日为目的，它是否同样地产生了鼓吹抗日的作用呢？后一个问题的答案是非常肯定的：小说的确产生了抗日的效果。因为当时的文评家们都称赞萧红的《生死场》，说她这部小说是所有爱国作家都应极力仿效的典型文学作品。虽然《生死场》仅以三十七页的篇幅来讨论当时燃眉之急的抗日问题，并且书中是以迂回甚至是牵强的手法去描绘当时日寇侵略的事实，但它却是20世纪30年代抗日文学的奠基作品之一。

我们认为作者的原意只是想将她个人日常观察和生活体验中的素材——她家乡的农民生活，以及他们在生死边缘挣扎的情况，以生动的笔调写出。她的章法未必严谨，但日后她写此类题材时却非常成功。

萧红的小说主题由农民生活一变为抗日，到底是为了什么呢？这个问题可以从对她个人生活影响很深的萧军身上找到答案。对萧军而言，当时的农民正遭受着前所未有的凶劫与折磨，以一个昔日"抗日义勇军"战士的身份，萧军顺理成章地选定了"日本鬼子"作为他书中的恶棍，然后根据他自己的经验和信念，描绘出农民们委身抗日的转变过程。萧红则无此种经历，她也没有亲眼目击日本侵略者的暴行，所以她在这方面的描写不够真实，这是可以想见的。她在小说中所提到的少数几个抗日组织的名称，也全是从萧军和其他朋友（特别是老革命舒群）口中听来的。

一般而论，萧红在《生死场》一书中途转变小说主题，在小说中的一场起义前也未能仔细说明起义的动因，再加上本书最后三分之一笔调的松散，都一再显示出萧红是在尝试着描写她不太了解的题材。因为《生死场》没有交代该村和日本军阀发生冲突的因果关系，萧红却以暴行的故事和谣言来弥补此缺憾。但对一部"历史"小说来说，故事和谣传都不是足以信赖的素材。虽然萧红在书中举出了一些日本人暴行的实际例证，但她的笔调既缺乏想象力，也没带多少感情，所以无法引起读者的共鸣。譬如有一次作者平铺直叙地提到一名女学生被日本人处决了，接着是几句推敲死因的描述，然后就再也无下文了。村民在聊天中常常提到孕妇被破肚，以及年轻的女孩被带走、奸杀的传闻，可是因为那些作恶的"日本鬼子"很少在书中真正露面，所以缺乏紧张的气氛。以上的讨论并非否定这种残酷事实的发生，而是指出萧红在这方面的描写并不能使人信服。

其次让我们讨论在暴力压迫下农民的觉醒。这类题材，如果有生花妙笔，尽可以写出一部紧张精彩的小说，但到了萧红手上反成为闹剧了。由下面这段常被引用的书中主角赵三的话就可看出此点：

"国……国亡了！我……我也……老了！你们还年青，你们救国吧！我的老骨头再……再也不中用了！我是个老亡国奴，我不会眼见你们把日本旗撕掉，等着我埋在坟里……也要把中国旗子插在坟顶，我是中国人！……我要中国旗子，我不当亡国奴，生是中国人，死是中国鬼……不……不是亡……亡国奴……"㊷

萧红认为她所能写的与她或萧军认为她所应该写的之间的距离，可以更进一步地从她描写"小寡妇"金枝离家去哈尔滨的一段看出来。虽然书中提到金枝在路上几乎遭日本兵的凌辱（当然，作者是想不离她抗日的主题），但实际上这一章只不过描述一个弱女子在一个举目无亲的城市中勉力求生的经过。金枝在城市为生活所迫，替低级鸦片馆中的顾客缝补衣服，并和那些在最下层生活的倒霉女人为伍。当金枝发现那些男性烟鬼除了要她缝补衣服外，还有其他企图时，已经为时太晚，也就堕入了他们的圈套。这一章中无疑渗入了很多自传的成分。但是把它放在小说的最后面三分之一处，的确是抹杀了作者在前部所激起的一点点抗日情绪，当作者再设法返回主题时，已经来不及了，全书只剩十五页就结束了。

笔者对于《生死场》的看法，与当时文评家大有出入。那些眼光短浅的文评家竟把《生死场》前一百多页看成了准备日寇出场的序幕。读者细读《生死场》之后将会发现，这种论调是难以立足的。不过由于该书对当时的青年有着深远的影响，我们因此就不可忽视它在20世纪中国社会史上的重要性。对那些政治意识极强，然而对现代小说的写作技巧所知无几的当时读者而言，《生死场》在结构和修辞上的缺点，与它所传达的社会改革信息和它动人心弦的情节相较，实在是微不足道。

反过来问，《生死场》是否要算一部失败的小说呢？虽然该书自出版后享誉不衰，且很受读者欢迎，而且对20世纪30年代中国社会也有着相当影响，但笔者仍觉得就纯文学的观点来看，《生死场》至少要算部分失败。当然这本书也有它清新可读之处，而且有些篇章也能扣人心弦：例如前面几章和书的后半部也偶尔有不为题材所限的惊人之笔，即使现在读来也令人不禁为之神往。萧红描写农人时笔尖常带真感情。她时而大刀阔斧，时而工笔细描，非常生动有力地描绘出农家贫无立锥之地的困境。但她对农人的短处也毫不掩饰，她在书中常常提到农民在家庭邻里之间，由无知与残酷所遭到的报应和惩罚，其严重的程度和外力的压迫程度相较不相上下。萧红能把握住农业社会的特征和农人所崇奉的道德价值观念，这些都是《生死场》最成功的地方，在该书序言中，鲁迅说：

细致的观察和越轨的笔致，又增加了不少明丽和新

鲜。精神是健全的，就是深恶文艺和功利有关的人，如果看起来，他不幸得很，他也难免不能毫无所得。㊸

《生死场》一书中有好几段非常感人，文笔也极生动。萧红在这书的开头就把注意力集中在农人对家畜的强烈感情上。对农人而言，无论是一匹马、一头牛或是一只羊，都是他们的命根子，他们甚至看得比他们的亲生子女还要重要。就因如此，所以当赵三失手杀了小偷而不得不卖牛偿债时，他一生就从此完结了。二里半为加入义勇军，毅然舍弃了他那心爱的老山羊，这就是他决心献身抗日的最佳表现。在原书第三章中，赵三的第二个老婆——老王婆，为了还债，被迫牵着她那匹老马去屠宰场的一幕，虽简短，但是紧张、严肃，紧紧地扣住了读者的心弦。这匹老马没精打采，唯命是从地跟在它那为贫困所迫的女主人身后。老王婆在年轻时也曾有过几次这样的经验，但那时并没有这样的感觉。现在她却发现是在牵着和她多年相依为命的老马上屠宰场，心里难过极了。但她却以无可奈何的口吻对马说："算了吧！算了吧！你不是迟早被饿死吗？"时而她又为那老马的踌躇不前而懊恼生气；老王婆心中的悲切和她那对马的感情被刻画得淋漓尽致，非常动人。好不容易，她终于来到屠宰场的栅门口，但当她看到那屠宰场四周的景象，却不禁手脚瘫软，寸步难移：

……四面板墙钉住无数张毛皮。靠近房檐立了两条高杆,高杆中央横着横梁;马蹄或是牛蹄折下来用麻绳把两只蹄端扎连在一起,做一个叉形挂在上面,一团一团的肠子也搅在上面;肠子因为日久了,干成黑色不动而僵直的片状的绳索。并且那些折断的腿骨,有的从折断处淙滴着血。

在南面靠墙的地方也立着高杆,杆头晒着在蒸气的肠索。这是说,那个动物是被杀死不久哩!肠子还热着呀!

满院在蒸发腥气,在这腥味的人间,王婆快要变做一块铅了!沉重而没有感觉了!

老马——棕色的马,它孤独地站在板墙下,它借助那张钉好的毛皮在搔痒。此刻它仍是马,过一会它将也是一张皮了![44]

这段描写屠宰场的情形虽然读来令人作呕,但我们从中可看出老王婆和那匹老马当时内心的悲怆与哀怨。当老王婆温顺地接过屠宰场伙计给她的几个钱,留下了心爱的老马,独自伤心地走回家去,当她听到屠宰场伙计的喊声时,忍不住停步回头:

"不行,不行……马走啦!"

王婆回过头来，马又走在后面；马什么也不知道，仍想回家。屠场中出来一些男人，那些恶面孔们，想要把马抬回去，终于马躺在道旁了！像树根盘结在地中。无法，王婆又走回院中，马也跟回院中。她给马搔着头顶，它渐渐卧在地面了！渐渐想睡着了，忽然王婆站起来向大门奔走。在道口只听见一阵关门声。㊺

像这样令人挥泪的描写使《生死场》全书笼罩着一股阴森的气氛。

贯穿《生死场》全书的唯一最有力的主题就是"生"与"死"的相连相亲、相生相克的哲学。书中有一整章，即第六章《刑罚的日子》，完全是描写"生"的景象。萧红在这章中将她的情感强有力而清晰地表露无遗。"春"和"生"在一般的小说中一向是相提并论的，却很少有人能像萧红这样描写。只有她能将"生"和"死"的荒原赤裸裸地呈献在读者眼前。这一章是以春天时节母狗生小狗开场："暖和的季节，全村忙着生产。大猪带着小猪喳喳的跑过，也有的母猪肚子那样大，走路时快要接触着地面，它多数的乳房有什么在充实起来。"㊻但这抒情诗式的田舍风光很快就被村中的一个年轻产妇的惨叫惊破。那产妇疼得在草席上打滚："她不能为生死再挣扎最后的一刻。"㊼她就这样悲切地难产而死。在其他地方产婆们仍在家家户户地帮助产妇分娩，但是有时尽管她们使出浑身解数，最后却往往是无济于事。《生死场》的作者，似乎是要告诉读者：看吧，"生辰"是多么容易变成"死刻"啊！在《生死场》一书中，最突出的人物描写，应该是那些目光浅近而又虚构的男人们，他们让老婆怀了孕，但又憎恨老婆生孩子，对自己的子女也缺乏父爱。在此萧红充分吐露了她对这类人和这些事情的憎恨。正因如此，这些事件更有其特殊感人的力量。

《生死场》中还有好些值得研讨的题材和情节，由于上面的讨论，读者可能对于《生死场》已经有了清楚的认识。所以下面笔者仅再就书中人物的刻画和行文用语的体裁加以简略的讨论。文评家们大体同意，萧红这本小说中的人物都死气沉沉，而那些人物的行止，读者都可先猜出来，充其量不过是些漫画中人物，缺乏真实感。全书的四个重要人物——老王婆，她的丈夫赵三，金枝和那代表落后、短视、愚昧的老农二里半，其中只有两位偶尔还能算上真实可信的角色。那两位就是书中的两个女人——金枝和老王婆。鲁迅在他那常被引用的《生死场》序言中说："这自然还不过是略图，叙事和写景，胜于人物的描写。"[48]胡风在该书的《读后记》中，对该书的文学素质讨论甚详。这位文坛著名批评家对《生死场》的看法，值得重视。胡风一方面称赞萧红是描写农村景色的天才，他认为萧红的《生死场》中某些篇章可与苏联作家肖洛霍夫的《被开发的处女地》(Sholokhov's *Virgin Soil Upturned*)相媲美,同时他又极力夸奖萧红书中唤起农人抗日决心的描述;但另一方面,胡风却对萧红的文笔和技巧做以下的批评:

> 第一,对于题材的组织力不够,全篇现得是一些散漫的素材,感不到向着中心的发展,不能使读者得到应该能够得到的紧张的迫力。第二,在人物底描写里面,综合的想象的加工非常不够。个别地看来,她底人物都是活的,但每一个人物底性格都不大凸出,不大普遍,不能够明确地跳跃在读者前面。㊺

他继续指出萧红在用语方面的毛病;他将此毛病归之于萧红对于修辞的锤炼功夫的不够。胡风和鲁迅对于《生死场》的评语可以说都非常中肯。但从另一方面看,虽然《生死场》是萧红第一部主要作品,但她日后小说中所擅长的简洁、生动的文笔已在此书中初见端倪。

近几年来,对《生死场》的看法与评价,在国内外的一批评论家中,有着相当的变化。书中的文笔与"启示"受到重视,所谓的"革命思想"㊿却受到再估价。有人认为萧红的作品"却有超越鲁迅的地方"[51]。而以笔者来言,《生死场》从另一角度分析,有着更重要的意义:

无论书中的文采多么欠完善，政治气味多么浓厚，读者们能从书中最后的三分之一认清作者如何了解当时燃眉之急的问题——日本的侵略和战争的临近——作者都能含蓄而清楚有力地写出来。从萧红通常在描述上极详细的文笔，到书中前后两部分间非常突然又缺乏联系性质的转变，再加上作者所用的道听途说写法来指责日军行为，亦能使读者体会和了解到萧红对当时局势的了解是多么有限，对当时情况的认知是多么模糊。萧红在书中所展示给读者的"战争"并非所谓的理想性、浪漫爱国性的"战争"，她对战争的刻画多半由老百姓在日常生活上的细节着眼。作者并没有从一种广义的历史观点来写战争，而是以一种微妙而有力的手法来叙述村民及作者本身所经历而无从理解的种种残忍遭遇。全书——特别是最后三分之一的深厚插曲性，因欠缺紧密的关联性而使读者联想到一系列有其明晰意义的往事形象。实际上，萧红对于村民的观察，包括战前战后也不外于此。在当时重男轻女的社会里，妇女们一天到晚只忙着一些无聊的家务，而对于家外的事物全透过男性才得知一二；萧红的观察和看法也可能正代表着当时一般妇女的看法。

注释

①赵凤翔：《萧红与舒群》，《新文学史料》1980年第7期，第188页。

②张梅林,广东人,在抗日战争时期为一非常活跃的作家,尤以对以武汉为总部的"中华全国文艺界抗敌协会"贡献良多,后被认为属胡风分子而被批斗。见丁言昭:《访老人·忆故人:听梅林同志谈萧红》,《东北现代文学史料》1980年第2辑,第77—79页。

③梅林:《忆萧红》,原收于《梅林文集》,上海春明书店1948年版,第26页;又收入王观泉编:《怀念萧红》,黑龙江人民出版社1981年版,第61页。

④丁言昭:《访老人·忆故人》,《东北现代文学史料》1980年第2辑,第77页。

⑤梅林:《忆萧红》,王观泉编《怀念萧红》,黑龙江人民出版社1981年版,第61页。

⑥梅林:《忆萧红》,王观泉编《怀念萧红》,黑龙江人民出版社1981年版,第61页。

⑦梅林:《忆萧红》,王观泉编《怀念萧红》,黑龙江人民出版社1981年版,第61—62页。

⑧丁言昭:《访老人·忆故人》,《东北现代文学史料》1980年第2辑,第68页。据舒群回忆:

这一年的夏天,(中略)萧军、舒群两个人曾经结伴去上海,目的是到文艺界拜师。他们本想拜访前辈的鲁迅和同辈的黄源,但是因为上海情况复杂,没有找到可靠的关系,又没有足够的旅费,不能长期停留,所以既没有见到鲁迅,也没有见到黄源。两个人白跑了一趟，大失所望地回到了青岛。之后，舒群自己又去过一次，仍然是失望而归。（见肖凤：《萧红传》，百花文艺出版社1980年版，第58页。）

⑨萧军没说明这本小说集的名字，只说这本小说集是他和萧红在哈尔滨合著的。参阅田军（萧军）：《让他自己……》，《作家》1936年第2卷第2期，第345页。这篇文章是作于鲁迅死后两周的追忆之作，收集了鲁迅给二萧的头九封信加上注释及说明。1981年，黑龙江人民出版社出版了萧军编注的《鲁迅给萧军萧红信简注释录》；此书第1—2页证明所寄给鲁迅的"集子"便是《跋涉》。

虽《让他自己……》是以田军为笔名发表，但为求一致，本书一律用萧军为名。

⑩人民文学出版社编辑：《鲁迅日记》，人民文学出版社1959年版，第2卷，第1012页。读者亦可参阅1981年的十六卷本《鲁迅全集》中的日记及书简。

⑪梅林在《忆萧红》一文中说他们的《晨报》一直苦撑到11月底，12月初才搭船至上海；此说不确。萧军在《八月的乡村》后记第一页中说他们11月到上海。我们查对萧军的《让他自己……》，《作家》月刊1936年第2卷第2期，第345—346页；许广平编：《鲁迅书简》，香港百新图书文具公司1964年版，下册，第766—767页；《鲁迅给萧军萧红信简注释录》，第20—26页，与《鲁迅日记》第2卷第1013页中，这些资料都载明他们11月3日已在上海住了几天。景宋（许广平）在

她的《追忆萧红》(王观泉编《怀念萧红》,黑龙江人民出版社1981年版,第16页)一文中说他们是10月到上海的。骆宾基的《萧红小传》,第56页中亦引用景宋之文,指明他们11月1日已到达上海。又有人说,他们11月1日离开青岛,翌日到达上海;见丁言昭:《萧红在上海事迹考》,《东北现代文学史料》1982年第4辑,第37页。

⑫该小说虽在青岛完稿,但作者尚未离开哈尔滨之前已经开始写。头两章的初稿早于1934年初的《国际协报》连载过。见孙术函:《关于萧红〈生死场〉的写作》,《新文学史料》,1981年第1期,第189—190页。

⑬萧军:《让他自己……》,《作家》1936年第2卷第2期,第346页。

⑭萧军编注:《鲁迅给萧军萧红信简注释录》,黑龙江人民出版社1981年版,第23页。该书和梅林的《忆萧红》(王观泉编:《怀念萧红》,黑龙江人民出版社1981年版,第63—66页),是二萧在上海早期生活的主要资料来源。

⑮有关此幢亭子间和萧红在上海住过的其他五栋房子,见丁言昭:《萧红在上海事迹考》,《东北现代文学史料》1982年第4辑,第36—46页。

⑯萧军:《让他自己……》,《作家》1936年第2卷第2期,第351—352页;许广平编:《鲁迅书简》,香港百新图书文具公司1964年版,下册,第771页;萧军编注:《鲁迅给萧军萧红信简注释录》,

黑龙江人民出版社1981年版，第51页。在后者中，第1页，编者萧军写道："鲁迅先生在回信中所回答的各个问题，也大多数是由我请问的，给先生写信也多是由我来执笔。"

⑰原是萧红致萧军信中的一段，附在萧军的《让他自己……》一文中，《作家》1936年第2卷第2期，第363页。

⑱萧军：《让他自己……》，《作家》月刊1936年第2卷第2期，第353页；许广平编：《鲁迅书简》，香港百新图书文具公司1964年版，下册，第773页；萧军编注：《鲁迅给萧军萧红信简注释录》，黑龙江人民出版社1981年版，第61页。景宋在《追忆萧红》第16页中，误记会面为27日；其实，那是寄信的日子，30日才会面。

⑲萧军：《让他自己……》，《作家》1936年第2卷第2期，第356页。

⑳[美]米尔斯（Harriett Mills）：《鲁迅：1927—1936年，左倾的岁月》（*LuHsun：1927—1936, The Years on the Left*），美国哥伦比亚大学博士论文，1963年。另参阅夏济安：《鲁迅作品的黑暗面》，《黑暗的闸门》（*The Gate of Darkness*），华盛顿大学出版社1968年版，第101—145页。

㉑[美]葛浩文：《谈萧红与鲁迅》，《抖擞》（香港）1977年第9期，第20—27页。

㉒许广平编：《鲁迅书简》，香港百新图书文具公司1964年版，下册，第781页。关于这次见面详细的情况，见萧军：《我们第一次

应邀参加了鲁迅先生的宴会》,《人民文学》1979年第5期,第20—26页;又收入《萧军近作》,四川人民出版社1981年版,第60—80页。

㉓聂绀弩(1903—1986),湖北人,著名小说家、散文家、文评家,为鲁迅得力徒众之一。叶紫(余鹤林,1912—1939),湖南人,为鲁迅在上海最早收为门徒的青年才俊。

㉔《鲁迅日记》,第2卷,第1022页。胡风本名张光人(1906—1985,有人说是张谷非),湖北人,为鲁迅挚友。胡风是一杰出的文艺理论家;他于1955年文艺整风运动中被批斗。

㉕许广平编:《鲁迅书简》,香港百新图书文具公司1964年版,下册,第788页。

㉖许广平编:《鲁迅书简》,香港百新图书文具公司1964年版,下册,第785页。

㉗许广平编:《鲁迅书简》,香港百新图书文具公司1964年版,下册,第784页。

㉘许广平编:《鲁迅书简》,香港百新图书文具公司1964年版,下册,第790页。

㉙许广平编:《鲁迅书简》,香港百新图书文具公司1964年版,下册,第794页。

㉚《鲁迅日记》,第2卷,第1047页。

㉛黄源(黄河清),曾与鲁迅密切合作,主编《译文》杂志;抗战时期黄源投入新四军,解放后,因冯雪峰及《文艺报》事件而被批

判。曹聚仁(1900—1972),浙江人,是位著名文学史家。

㉜ 5月22日,鲁迅在日记中记载曾借给萧军三十元;见《鲁迅日记》,第2卷,第1058页。可能还有其他经济资助情形,也未可知。

㉝《鲁迅日记》,第2卷,第1056页。

㉞ 萧红:《回忆鲁迅先生》(1948,上海,第三版)一文,第25页中,记载她是10月1日第一次去看鲁迅。文中似乎是她一人独往。但许广平编:《鲁迅书简》,香港百新图书文具公司1964年版,下册,第836页,和《鲁迅日记》第2卷,第1077及1081页中却清楚地记着11月6日为她(萧红)去拜访的日期,并且由萧军陪同前往的。

㉟ 有关奴隶社的始末,见萧耘:《鲁迅与奴隶社》,《文艺百家》创刊号(1979年),第107—113页。

㊱ 许广平编:《鲁迅书简》,香港百新图书文具公司1964年版,下册,第837页。

㊲ 此后直至1937年止,张乃莹用萧红及悄吟为笔名发表文章及出版书。关于《生死场》整个出版历史,见丁言昭:《〈生死场〉版本考》,《文艺百家》创刊号,第158—159页、180页。

㊳ 许广平编:《鲁迅书简》,香港百新图书文具公司1964年版,下册,第839页。

㊴ 提到佛家八苦中之四苦(生、老、病、死)为她书中涉及佛家语及隐喻之一。书中其他章节也甚多含有佛家思想;书名《生死(梵文,samsāra)场》,也有佛家、轮回、转世的意思。现代口语常以"诞

生"和"死亡"以代替"生和死"。农民们的宿命态度增强了书中佛家思想的韵味。

本书所引用《生死场》原文页数,通以1979年版本为准。该版本(香港,中流出版社)由1935年原版影印过来。为读者方便起见,笔者于括号中列出黑龙江人民出版社1980年版的页数。

㊵萧红:《生死场》,第100(76)页。

㊶南京大学中文系编:《左联时期无产阶级革命文学》(1960,南京),第173页。根据此书及其他类似资料所论,《生死场》一书的缺点是它的悲观笔调和书中错误的反动观念,以为人民起义是独立自发,无须共产党领导。

㊷萧红:《生死场》,第121(92)页。

㊸萧红:《生死场》,序言,第1(7)页。

㊹萧红:《生死场》,第40—41(31)页。

㊺萧红:《生死场》,第42(32)页。

㊻萧红:《生死场》,第69(52)页。

㊼萧红:《生死场》,第70(53)页。

㊽在《生死场》出版前,鲁迅给萧红一信,他甚至说:"那序文中……的一句'叙事写景胜于描写人物',也不是好话,也可解作描写人物并不怎么好。因为作序文,也要顾及销路,所以只好说得弯曲一点……"见许广平编:《鲁迅书简》,香港百新图书文具公司1964年版,下册,第838页。

㊽萧红：《生死场》，《读后记》，第123页（中流版无此文）。

㊾钟汝霖：《反帝爱国女作家萧红》，《哈尔滨师范学院学报》1978年3月，第86页。

㊿韩文敏：《鲁迅与萧红》，中国作家协会黑龙江分会《创作通讯》1981年第5期，第12—29页。

第四章　上海和日本的岁月

一、上海：1936年

当《生死场》一书出版时，萧红认识鲁迅快整整一年了。在这期间，我们可看出，身为作家的萧红，仅发表了几篇平实的短篇作品、散文，出版了这本使她一举成名的《生死场》，她也因而跻身于现代作家之林。鲁迅在萧红的写作事业上有着至深且至巨的影响：他不但亲自把萧红早期的作品推荐给他那些办期刊、编杂志的朋友，并且能在政治和经济种种压力下，在"前进"的新作家的作品无法出版的状况下，出资设法印行萧红的小说。萧红可以说是在鲁迅的鼓励支持下才真正开始走上了创作道路的。虽然鲁迅在为萧红的《生死场》一书所作的序言中，仅略为夸奖了几句，但他对萧红的无限潜力却大为赞赏。他预期着萧红有着一个光辉的远景。1936年初，鲁迅称誉萧红说："她是我们女作家中最有希望的一位，她很可能取丁玲的地位而代之，就像丁玲取代冰心一样。"① 虽然鲁迅对在他翼护下的两个年轻作家的处女作——萧军的《八月的乡村》和萧红的《生死场》受到读者欢迎的程度颇感欣慰，但是他却认为"《生死场》似乎比《八月的乡村》更觉成熟些"；他"认为在写作前途上看起来，萧红是更有希望的"②。鲁迅夫人许广平女士曾说鲁迅一有机会就向他所有的朋友、同事和访客大力推荐这两本书。③像这类的例子比比皆是：美国记者史沫特莱(Agnes Smedley)回忆说鲁迅亲自向她推荐萧红的小说《生死场》，称它"是当代女作家所写最有力的小说之一"④；与另一位访客晤谈时，鲁迅认为《生死场》是鼓舞热情小说中的典范。⑤

至于鲁迅与萧红的私人交谊更是令人赞羡。虽然鲁迅早就不写小说，但他仍是当时青年小说家们最重要的精神导师。他攻击当时政府的领导人物、文学界和陈腐的国民性，有时虽不免流于恶毒，但他的作品却成为青年群众不满现状用来攻击政府和社会的利器。正如夏济安在《黑暗的闸门》一书中所说："鲁迅在1936年时是一个怀恨、偏激的老人，极需一群同情的听众围绕在他周围。"⑥萧军和萧红这两个东北作家与他们导师之间的关系，截然不同。萧军是个性情易变、热情洋溢的革命的爱国知识分子；在意识形态上，他全心全意地投入鲁迅所从事的思想斗争中。相反，萧红却安于传统中国女性的角色，她从鲁迅身上找到了她渴望已久的情感上的安全感。我们很难看出萧红的政治意识像萧军,以及鲁迅周围的其他年轻朋友那么强。即使她女性至上的观点都不及她从鲁迅家中得到的情感慰藉来得重要。

1936年,二萧的初步行动之一就是将家从法租界迁到北四川路永乐里的一个亭子间,离鲁迅家只一箭之隔。从那时起,一连好几个月,"每夜饭后必到大陆新村来了,刮风的天,下雨的天,几乎没有间断的时候"⑦。这几个月中,除了鲁迅小弟周建人⑧和建人家人以外,最常去鲁家的访客就是二萧了。这个时期可说是萧红成年生活中最美好的一段时光。她那时简直成了鲁迅家人一样,根本不是客人,每天与鲁迅孩子海婴玩,或帮许广平烧饭,陪伴鲁迅夫妇。鲁迅说海婴特别喜欢萧红,萧红的长辫子和她那孩子般的举止,使她成为海婴心目中的理想玩伴。⑨

虽然如此,我们绝不可轻下断语,以为萧红的"劫数"已过,因为事实并非如此。以她的一般健康状况而言,她的身体并不如她所期望的那么好。许广平对萧红在上海时期的身体状况有详尽的叙述。许回忆到她和萧红第一次见面看到年轻的萧红苍白的面容和灰白的头发时,大为吃惊。后来萧红常患头痛症,整天无精打采,同时又有严重的贫血症。此外她又一直为胃病所扰,并且还有着妇女月事不调症。许广平曾介绍些成药给她服用。⑩至于以前在青岛时一直折磨着萧红的咳嗽症,却好像了无踪影了,因她在上海的作家朋友从未提过她咳嗽的事。即使她大多数的朋友忽略了她的身体健康状况,却很少有人粗心到没看出她情绪上的问题。萧红初到上海时心中藏着无限痛苦的往事，到上海后，由于与鲁迅及鲁迅家人的融洽关系，虽有不少精神上的创伤被治愈，但仍有些没法挥掉。我们只好再向许广平处来探寻萧红当时的心境。许身为女性，又为萧红闺中密友，所以她能知道萧红内心的很多苦乐和不足为外人道的私事。虽然萧红和鲁迅家人共度了不少快乐的时光，但仍时常情绪不佳，常埋怨说感到孤寂、沮丧。鲁迅或许广平有时安慰她，希望能消除些她心中的隐忧，但他们的慰藉毕竟效果有限。萧红此种情绪上焦忧不安的根源，是她和萧军之间关系的恶化。萧军对萧红有着过分的保护倾向，对她心智的轻视，对她身体上的苛求，等等，使得萧红丧失了自信心，身体健康也受到影响。⑪

但是无论个人身心状况如何，萧红始终未中断过她的写作。她以《生死场》一举成名后，出版商和杂志的编者都非常欢迎她的稿件。《生死场》出版后不到一年，萧红的另一本著作《商市街》又问世了。

二、《商市街》

在许多评论萧红作品的文评家心目中，《生死场》一书的文采及重要性掩盖了她此后所有的作品。虽然她日后的作品受到好评，但文评家们总认为这些作品远不如她的"处女作"。

这种看法直到最近才失掉了它的气焰。很多文评家已经开始重新评估萧红晚期的作品。然而萧红的《商市街》——一本非小说性的自传体作品，却一直不被文评家重视。笔者认为这种忽视实在令人费解，而且是非常不合理的。

从收集到的资料中可看出，萧红的《商市街》可算是一本相当受读者欢迎的作品[12]；文化生活出版社在1936年8月出版该书后，不到一个月就再版，此点足以证明该书的成绩。此外，从《商市街》优美的文笔分析，那些认为萧红仅能以小说才能在中国当代文坛占一席位的观念和看法，实在可以烟消云散了。《商市街》一书处处展示出萧红成名作品中的优点，也像她的成名小说一样地清新可读。

《商市街》于1935年5月写成，以悄吟为笔名发表。它是一本自传体的作品，书名即取用萧红和萧军在哈尔滨的最后一年半所住的一条街的名字。全书采用编年体，记述他俩在那期间的生活情况和感受。但萧红此书远非传统的传记文学可比，因为萧红以她个人独特的女性心理领悟力，紧紧把握当时的情况、当时的气氛和一般人所易忽略的细枝末节，这使她所记述的情景生动有力。她如数家珍地叙述那些她生命中所发生的事情，加上她那注册商标式的优美简洁的文笔，使《商市街》成了一部很受欢迎的作品。虽然萧红所描绘的那段日子，正是她身心非常痛苦的时候，但她笔下却毫无自怨自艾的语句；相反，处处洋溢着"乐天知命"和"奋发进取"的精神。她很成功地把握住当时那种焦虑、悬疑的心境，时而穿插上一些幽默轻松的情节，使得书中他俩窘困的情景有所变化、平衡。萧红在《商市街》一书中的生花妙笔，使萧军和她自己的音容跃然纸上。她日后写回忆鲁迅的文章以及《呼兰河传》中的农人，也都能将书中人物写得生气盎然，但在她其他小说中所出现的人物却往往缺乏生态。当然她这种描绘人物的本领是她日后作品成败的关键之一。

《商市街》中的许多篇章，几乎可与同时出版的奥威尔（George Orwell）的《巴黎伦敦受困记》（*Down and Out in Paris and London*）中那个一文不名的青年在欧洲受难的真人实事的情节相比。从两书中可看到那些身无分文的人所过的那种非人生活，也可看到那些常常被迫要节衣缩食，或缺乏衣食的人们之间那种不平凡的友爱精神，以及饥饿所加之于他们心理上的苦痛。这两本书不但描绘了作者个人的亲身经历，而且也将所有穷人的窘困情景清清楚楚地呈现出来。

《商市街》中有一章的标题的运用是非常简洁的，例如"饥饿"两字；这题材在文章中反复出现，也是写得非常生动感人的一章。就像其他穷苦无告的人一样，二萧常常只靠黑面包和盐过日子，而连那点食物也不见得是常有的享受。"饱汉难知饿汉饥"，萧红个人亲身体验过食物对饿得发慌的人的重要性，因此她描绘食物对饥饿人的意义最有效果：

> 第二天，挤满面包的大篮子又等在过道，我始终没推开门，门外有别人在买，即是不开门，我也好像嗅到麦香。对面包我害怕起来，不是我想吃面包，怕是面包要吞了我。⑬

像奥威尔一样，萧红也领悟到饥饿的人很明显地除了在生理和心理上受影响外，无所事事、极端无聊的情绪也会令肚子饿的人渐渐变得软弱无力；他们全心全意地求果腹，以致不能做其他任何正当的事。在一段非常生动的描述中，萧红回忆着有天早晨，她为了是否要偷邻人的食物充饥，内心为道德与饥饿的痛苦而挣扎的过程。在另外的章节中，她叙述瓜子对一个饿了几餐的人的重要性；当二萧口袋中有几文时，他们大吃大喝的情状；当他们看到其他挨饿的人时，内心的痛苦感受。萧红对那些可怜的乞丐内心充满着怜悯，恨她自己爱莫能助，同时也为别人的铁石心肠而愤愤不平：

> 一个女人站在一家药店门口讨钱，手下牵着孩子，衣襟裹着更小的孩子。药店没有人出来理她，过路人也不理她，都像说她有孩子不对，穷就不该有孩子，有也

应该饿死。

我只能看到街路的半面,那女人大概向我的窗下走来,因为我听见那孩子的哭声很近。

"老爷,太太,可怜可怜……"可是看不见她在追逐谁,虽然是三层楼也听得这般清楚,她一定是跑得颠颠断断的呼喘:"老爷……老爷……可怜吧!"

那女人一定正相同我,一定早饭还没有吃,她在楼下急迫的来回呼声传染了我,肚子立刻响起来,肠子不住的呼叫……

郎华(即萧军——引者)仍不回来,我拿什么来喂肚子呢?桌子可以吃吗?草褥子可以吃吗?

就像在《生死场》一书中的悲伤情节一样,即使是明媚的春光,在萧红的笔下也失去了它的光辉:

听着,听着吧!春在歌唱……

"大爷大奶奶……帮帮忙吧……"这是什么歌呢,从背后来的?这不是春天的歌吧?

那叫化嘴里吃着个烂梨,一条腿和一只脚肿得把另一只显得好像不存在似的。

"我的腿冻坏啦!大爷帮帮吧!唉唉……"

有谁还记得冬天？阳光这样暖了！街树蹿着芽！

萧红也在书中写些她坐守愁城的惨状，她几乎成了自己斗室中的囚徒：孤独、愤恨、无聊——毫无疑问，全世界的很多女人都会为之同声一哭的。书中也有其他熟悉的景象：

等他买木材回来，我就开始点火。站在大炉边居然间我也和小主妇一样调着晚餐。油菜烧焦了，白米饭是半生就吃的，说它是粥，比粥还硬一点，说它是饭，比饭还黏一点。这是说我做了"妇人"，不做妇人，那里会烧饭，不做妇人，那里懂得烧饭。

上面曾说过，《商市街》是本自传体的作品，但"远非传统传记文学可比"。此书不但与一般自传体文（特别是男性所著的）在叙述方面和整个作风截然不同，而且文艺技巧也非常突出，非常新鲜。这是一本极具印象主义色彩的作品，所回忆的事件是以创造性的笔调表现出来的。全书的重点在于书中二人生活中的小节，他们对事物的感受和反应，家里外的气氛，过日子的方式等，而绝不在于作者生活中的大事。换言之，作者生活的"实质"在《商市街》一书中"往往已经力透纸背"[14]。

萧红在书中所采用的技巧便值得我们注意。她不但采用了

（或说创造了）许多对话，使读者与作者间的距离缩小了很多，并且采用了不少"意识流"、幻想一类的写法，令读者体会到主人翁（也就是作者本人）当时的心理状况。如：

窗子在墙壁中央，天窗似的，我从窗口升了出去，赤裸裸，完全和日光接近，市街临在我的脚下，直线的，错综着许多角度的楼房，大柱子一般工厂的烟筒，街道横顺交织着。秃光的街树。白云在天空作出各样的曲线。高空的风吹破我的头发，飘荡我的衣襟。市街和一张烦烦杂杂颜色不清晰的地图挂在我的眼前。楼顶和树梢都挂住一层稀薄的白霜，整个城市在阳光下闪闪灼灼撒了一层银片，我的衣襟风拍着作响，我冷了，我孤孤独独的好像站在无人的山顶。每家楼顶的白霜，一刻不是银片了，而是些雪花、冰花或是什么更严寒的东西在吸我，全身浴在冰水里一般。

总而言之，《商市街》一书虽然与一般自传不同，缺少有关作者"真实性"的资料，但读者却能由此书得到相当丰富、宝贵的认识——而对萧红在写作时期的心理以及经历书中种种时的心理有所了解。这些特点，加上作者敏锐的观察力和朴实无华的文笔，使得笔者认为《商市街》是萧红所有作品中最有自传性和最有力动人的作品。

三、"文学论战"的重新启幕

1936年中,上海文坛又重启狂飙,左派作家兄弟阋墙,竟又开始了内部的笔战。因为这场论争消耗了鲁迅和其他"左联"作家的不少精力,所以我们不得不暂时撇开萧红,而在此简要介绍一下当时论战的情况以及它的影响。

1935年6月,"左联"幕后主脑瞿秋白被国民政府处决。同年,全国抗日情绪达到了高潮,《生死场》和《八月的乡村》等抗日小说,对鼓舞这种情绪功不可没。联合抗日的"呼声"如日中天,大家主张组织联合性的国防政府。此时全国作家联合一致、团结抗日、救亡图存的政策与"左联"只联合左翼作家的口号大相径庭。1936年春,"左联"解散,鲁迅却是在"左联"解体后才知道有此一事。"左联"后半期与鲁迅的关系已不密切,正如上述这种"目无鲁迅"的举动,对鲁迅的自尊心实在是一大伤害。虽然鲁迅肯为"左联"当初成立的宗旨而献身,但他却为那些内部不断的派系之争而苦恼。鲁迅曾劝阻过萧军入会的申请⑮,萧军和萧红从未加入过"左联"。鲁迅也在他与"左联"的来往信件中对"左联"常有怨言。"左联"解散后的文坛,也不平静,一场剧烈的笔战又要开场了。笔战的结果,消耗了当时文坛上很多人的心力,留下了永远无法弥补的疤痕。

1936年6月7日，新近成立的"中国文艺作家协会"正式喊出了"国防文学"的口号，此组织有会员约一百人，鲁迅以及他的忠实徒众都不在名单中。鲁迅有被出卖的感觉，他坚决左倾的立场受到怀疑、威胁，因此他加入笔战的行列。同年7月1日，由"中国文艺工作者"发布一项对抗"中国文艺作家协会"的宣言，由鲁迅、茅盾等策划，由口号内容看来，虽然是胡风在文章里先公开提，但实际上是出于鲁迅手笔。他们喊出的是"民族革命战争的大众文学"。二萧和鲁迅等圈内人都在宣言上签了名。最后由在两个宣言上都榜上有名的茅盾出来作调解人，双方停止了笔战，获得了暂时的安宁。10月初一个新的宣言——《文艺界同仁为团结御侮与言论自由宣言》发表了，有二十一人签名，鲁迅和他以前的对手都出现在同一榜上。虽然《八月的乡村》和《生死场》曾被双方用作笔战的主要工具，但萧军与萧红却并未积极参与笔战。[16]

　　在文坛笔战的"暴风雨"时期，很多作家的创作力虽受些限制，但并未受致命影响，充其量只能说他们的作品变得粗糙些吧！但1936年文学作品不断地出现，那时可说是文艺期刊的丰收时节，仅上海一处就有下列四个新刊问世：《作家》《文季月刊》《光明》与《中流》。这些刊物的出现对二萧可说是非常有利：从这时到1937年为止，他们所有的作品几乎都是在《作家》《文季月刊》以及《中流》上发表的。

四、《桥》

"国防文学"论战最后决议的一个月，亦即《商市街》出版后的第三个月，文化生活出版社又推出了萧红另一作品《桥》，这是她在1933年到1936年初之间所写的十三篇短篇小说、散文所结的集子。其中三篇是以前在别处发表过的。像《商市街》一样，这本集子也以悄吟为笔名出版。此书一出，也受到相当欢迎；1940年初，即印行了三版。这集子所涉及的题材相当广泛，文体良莠不齐，很难为之下一定语。我们仅选其中数篇详细讨论。这集子包括两个短篇小说，即《桥》和《手》，都是悲剧性的故事，都能表现出作者无限的潜力。

《手》是一个农家女孩在校寄读的动人故事。这故事不但对所谓的高门大户残酷的罪行做了有力的评述，而且对那些罪行所加之于这个恭顺的农家弱女子的影响，也做了动人的描述。书中女主角王亚明，那双引人注目的黑手和农家的寒微出身，加上土里土气和天真朴实的言行，使她从第一天上学就被班上同学和老师当作下等人看待。王亚明生于染匠之家，排行第二，家中好不容易供给她受教育的机会，但最后竟被迫离校。她在校中所受到的那种教育，并不是她心目中所预期的。虽然她是班上最用功的学生，但她发现在求知的路上仍是荆棘重重，不是她的能力所能一一克服得了的。她每天所遇到的困难,并不是由于她本身有何缺点,而是由于她的女老师和同学们对她的愚弄嘲笑的态度。虽然她每分每秒都用功读书,而且她对自己的愚钝毫无掩饰,但她仍遭到被赶出寝室睡在走廊中长凳上的羞辱,还要时常忍受同学的轻视嘲弄。尤其是那位女校长更是技高一等,竟有着令王亚明声泪俱下的本领:

"你的手,就洗不净了吗?多加点肥皂!好好洗洗,用热水烫一烫。早操的时候,在操场上竖起来的几百条手臂都是白的,就是你,特别呀,真特别。"女校长用她贫血的和化石一般透明的手指去触动王亚明的青色手,看那样子,她好像是害怕,好像是微微有点抑止着呼吸,就如同让她去接触黑色的已经死掉的鸟类似的。"是褪得很多了,手心可以看到皮肤了,比你来的时候强得多,那时候,简直是个铁手……你的功课赶得上了吗?多用点功,以后,早操就不用上了,学校的墙很低,春天里散步的外国人又多,他们常常停在墙外看的。等你的手褪掉颜色再上早操吧!"[17]

由于上述这种情形,王亚明在春季时竟被关在屋子里。由于她过人的毅力和出身贫寒,即使对这种"禁足"她也忍受了。最后当她那鳏居的父亲来接她回家,不再返校时,她终于诉说了她那双黑手的由来，并且还道出了她一生中的辛酸：

"从这时候我就照顾着两个弟弟和两个妹妹。爹爹染黑的和蓝的，姐姐染红的——姐姐定亲的那年，上冬的时候，她的婆婆从乡下来住在我们家里，一看到姐姐，她就说：'唉呀！那杀人的手！'从这起，爹爹就说不许某个人专染红的，某个人专染蓝的。我的手是黑的，细看才带点紫色，那两个妹妹也都和我一样。"[18]

在《手》这短篇中，萧红竟突破惯例，对主题范围能加以限制，所以才写出了这动人的篇章，王亚明在她笔下比她的"处女作"《生死场》中任何角色都成功。

《手》与萧红的其他比较成功的作品一样，用的是第一人称的写法；叙述者是否为作者本人的化身，读者不得而知，但女性叙述者往往是故事中主要人物之一。《手》中的"我"这个角色，只不过是旁观者，她对王亚明的遭遇叙说得极为客观。但她对王亚明的态度比其他同学也高明不了多少，对于王亚明不幸的下场，她也得负责一部分。作者在此似乎要声明：在当时的环境里，连心肠比较善良的人，为使像王亚明这种社会地位低下的人求得平等，也是无能为力。

另一篇作品《桥》，虽然当萧红写作时对此篇期望较大，载"道"较多,但没有《手》来得有效果。《桥》是叙述一个富家子和保姆的故事。文中记述保姆与那富家子以及她自己的孩子之间的关系。那保姆家和她主人家之间有条水沟,沟的两岸建了座桥,但长年都没有桥板,只有两边的桥栏,所以她每天上工或回家时都得走到沟的尽头绕过一大段路。这桥象征着两家之间的距离,而因为它是无法跨过的,两家永远也无法沟通。"假若连栏杆也不见了,那她会安心些,她会相信那水沟是天然的水沟,她会相信人没有办法把水沟消灭。"[19]

萧红第一次有意地用了象征手法,但她的技巧却不够高明,因此效果大受影响。书中女主角名叫黄良子,是由她丈夫的名字黄良延伸而来,她的孩子叫小良子;"良"是"道德"或"好"的意思,她的主人家的墙上长的狗尾草却有着"罪恶"的象征。"主人家的墙头上的狗尾草肥壮起来了,桥东黄良子的孩子的哭声也大起来了!"[20]萧红除了用了太过明显的象征手法外,还犯了不少严重毛病。首先,作者对时间的处理不清,常常导致章节文意含混,故事中有好些段都是如此。此外,最大的毛病是她那勉强加入的感情成分,例如篇中最后那极力夸大的一幕,写黄良子的孩子掉进水沟淹死了,孩子的死使大家在旧桥边再建一个可通行的新桥:

那天,黄良子听到她的孩子掉下水沟去,她赶忙奔到水沟边去。看到那被捞在沟沿上的孩子连呼吸也没有的时候,她站起来,她从那些围观的人们的头上面望到桥的方向去。

那颤抖的桥栏,那红色的桥栏,在模糊中她似乎看到了两道桥栏。

于是肺叶在她胸的内面颤动和放大。这次,她真的哭了。㉑

黄良子是书中唯一的角色。书中没有对话,她只偶尔和孩子们或她丈夫说说话。书中其他人都默不作声(只有一两处例外),全部故事大半是主角叙述或独白,下面一段即为典型的例证:

她把馒头,饼干,有时就连那包着馅,发着油香不知名的点心,也从桥西抛到桥东去。

——只隔一道桥,若不……这不是随时可以吃得到东西吗?这小穷鬼,你的命上该有一道桥啊!

每次她抛的东西若落下水的时候,她就向桥东的孩子说:

"小穷鬼,你的命上该有一道桥啊!"

向桥东抛着这些东西,主人一次也没看到过。可是当水面上闪着一条线的时候,她总是害怕的,好像她的心上已经照着一面镜子了。

——这明明是啊……这是偷的东西……老天爷也知道的。[22]

简言之,《桥》是讲贫富不均的悲剧故事,但由于作者处理的手法不当,故事并不能完全使人信服。

该集子中散文占三分之二,虽大部分是个人的回忆,但题材却非常杂乱无章。在时间上那些文章涵盖了从萧红小时在呼兰家乡的追忆,一直到哈尔滨,即萧红遇到萧军,以及在青岛的那一段。从可读性和趣味性而论,这些散文的程度有天壤之别。像《过夜》是谈作者在哈尔滨饥寒交迫的一夜;《访问》是写白俄在哈尔滨的移民,尤其使人不知所云;其他的像《三个无聊人》和《离去》,简直是言之无物,不知写些什么;另有几篇憎恶男性的成分很浓,我们以后再讨论吧。这些杂文中最有趣的几篇之一是《蹲在洋车上》,这是追忆萧红的祖父打了洋车夫,因此他老人家在孙女眼中的偶像地位受到损伤。其中以哈尔滨为背景的两篇要算这集子中最令人爱不释手的和写得最好的。这并不足为奇,因为这两篇都是自述性的自传体。《初冬》是写作者在哈尔滨偶然遇到她弟弟的一幕,我们早已提过。在《破落之街》这篇中,读者又重游商市街——景色依旧，充满着饥饿和无聊，文章体裁也相同，但作者却运用些新手法，在文章中又加入了社会意识的成分。

　　这破落之街，我们一年没有到过了，我们的生活技术比他们高，和他们不同，我们是从水泥中向外爬。可是他们永远留在那里，那里淹没着他们的一生，也淹没着他们的子子孙孙，但是这要淹没到什么时代呢？
　　我们也是一条狗，和别的狗一样没有心肝，我们从水泥中自己向外爬，忘记别人，忘记别人。㉓

五、扶桑之旅：幻灭和悲愁

　　1936年初期，萧红正是鸿运当头，但好景不长，一转眼，她的日子就突然变得黯然无光了。其中有两件大事使她由成功的巅峰跌进失望的深谷：一是她与萧军之间关系的恶化，另一是鲁迅于该年10月去世。1936年前半年，萧红经由鲁迅的介绍，扩大了交游范围，认识了茅盾、史沫特莱以及其他数十位年轻的作家、编辑、出版家等等。她在当时的文坛已颇有名气。可是在家中，她与萧军的关系却已逐渐恶化到极限。年中，萧红终于采取断然措施离萧军而去。但她心中却惦念着她的恩人鲁迅的身体状况。鲁迅身患数疾，尤其是肺病一直折磨着他羸弱的身体。同年5月,当"国防文学"论争逼近时,他的身体状况日渐恶化,当时大家都担心他垂危的生命。

6月是鲁迅最危险的一个月。从6月6日到6月29日这段时间,他竟连日记都不写,他也自认离大限之期不远了。可是到了7月,他不但平安度过危险期,而且逐渐康复,不久他又恢复了往日忙碌的日程。7月15日,鲁迅在日记中简略记下:"晚广平治馔为悄吟饯行。"[24]萧红只身赴宴,不久又独自离沪赴日。[25]十天后萧军也去看鲁迅,这是萧军此后三个月中最后一次拜访鲁宅[26],9月他就回青岛去了。

读到这里,读者可能会想到两个很明显的问题:第一,撇开萧红个人的身体状况不谈,以萧红对鲁迅的感情而言,她怎能在鲁迅病况不稳时离他而去呢?第二,萧红为何在千城百国中独独选定日本作为情感的避风港呢?第一个问题的答案是:在萧红心目中鲁迅的危机已过,而她的看法是有着充分理由的。根据鲁迅好友冯雪峰的记载,鲁迅在7月的康复是令人满意的。虽然没人敢相信鲁迅会完全康复,但朋友们却都认为他的危险期已过。鲁迅于10月去世,几乎无人能预料到。[27]从这段记述可看出萧红肯于7月离开上海去日本是很合理的。

至于第二个问题的答案,说得最清楚的还是萧军:

1936年我们住在上海。由于她的身体和精神全很不好，黄源兄提议，她可到日本去住一个时期。上海距日本的路程不算太远，生活费用比上海也贵不了多少；那里环境比较安静，既可以休养，又可以专心读书、写作，同时也可以学学日文。由于日本的出版事业比较发达，如果日文能学通了，读一些世界文学作品就方便得多了。黄源兄的夫人华女士就正在日本专攻日文，还不到一年，已经能够翻译一些短文章了。何况有华夫人在那里，各方面全能照顾她……

经过反复研究商量，最后我们决定了：她去日本，我去青岛，暂时以一年为期，那时再到上海来聚合。[28]

萧军在此回忆没提及当时他与萧红间的情感情况，但由其他资料得知，他俩之间仍有着不少不愉快之处[29]。因此说萧红赴日的原因之一是暂时与萧军分手，逃避感情上的痛苦也是合理的。

但是，为何一定要去日本，不去国内其他城市呢？这大概跟鲁迅和萧红的亲弟张秀珂有关系。

虽然鲁迅憎恨日本军国主义者，但他在上海的许多好友都是日本人，其中包括内山书店的老板内山完造（Uchiyama Kanzo），鲁迅私人医生须藤（Dr.Sudō）和鹿地亘（Kaji Wataru）[30]等。因此我们可以很合理地推断，萧红也是在鲁迅的推荐之下才决定去日本的。

另外，萧红早知道她弟弟张秀珂由伪满洲国到了日本，而因此已经四年没与他来往，她希望在日本可以见他；但，据她于1936年7月26日给萧军的信上说："珂已经在16号起身回去了。"㉛几年后，她又写道：

我来到南方你（指萧红弟弟——引者）就不再有信来了。一年多我不知道你那方面的情形了。

不知多久，忽然又有信来，是来自东京的，说你是在那边念书了。恰巧那年我也要到东京去看看。立刻我写了一封信给你，你说暑假要回家的，我写信问你，是不是想看看我，我大概7月下旬可到。

我想这一次可以看到你了。这是多么出奇的一个奇遇。因为想也想不到，会在这样一个地方相遇的。㉜

但终于还是没见着，一直到翌年，萧红回上海后，才与她弟弟相遇。

萧红离开了上海，离开了鲁迅，离开了萧军。虽然不敢确定她到底追求的是什么，但她碰着的竟可用两个字来形容："寂寞"！她到日本不到一个礼拜后，便这么写：

这里太生疏了，满街响着木屐的声音，我一点也听不惯这声音。这样一天一天的我不晓得怎样过下去，真是好像充军西伯利亚一样。

比我们起初来到上海的时候更感到无聊，也许慢慢的就好了，但这要一个长的时间，怕是我忍耐不了。[33]

萧红此时惦记的是什么？从她约三个礼拜后所写的短诗中便可得到答案的一部分：

夜间：这窗外的树声，
  听来好像家乡田野上抖动着的高粱，
  但，这不是。
  这是异国了，
  踏踏的木屐声音有时潮水一般了。
日里：这青蓝的天空，
  好像家乡六月里广茫的原野，
  但，这不是，
  这是异国了。
  这异国的蝉鸣也好像更响了一些。[34]

总而言之，萧红在日本也常想家，感到很无聊；除了写作以外，几乎什么都不做（"任何公园没有去过。一天二十四小时三顿

饭，一觉，除此即是在椅子上坐着。"㉟），连日文都没学好。㊱

萧红离乡背井，远离亲朋，加上在那不甚友善的环境中生活，东京的居留所能给她的好处，都为强烈的乡愁与寂寞所掩盖。1936年8月9日，她在东京所写的一篇《孤独的生活》是她那一时期生活的写照：

晚饭时候，我没有去找她们，出去买了东西回到家里来吃，照例买的面包和火腿。

吃了这些东西之后，着实是寂寞了。外面打着雷，天阴得混混沉沉的了。想要出去走走，又怕下雨，不然，又是比日里还要长的夜，又把我留在房间里了。终于拿了雨衣，走出去了，想要逛逛夜市，也怕下雨，还是去看华吧！一边带着失望一边向前走着，结果，她们仍是没有回来，仍是看到了两双拖鞋，仍是听到了那房东说了些我不懂的话语。

假若，再有别的朋友或熟人，就是冒着雨，我也要去找他们，但实际是没有的。只好照着原路又走回来了。㊲

虽然萧红在上海的生活有很多问题，但与她那段在日本的日子比较起来却要强得多了。对她来说，那一向恬静的日本，却变得非常不安宁。

收拾了房间之后,想要做点什么事情。这点,日本与我们中国不同,街上虽然已经响着木屐的声音,但家屋仍和睡着一般的安静。我拿起笔来,想要写点什么,在未写之前必得要先想,可是这一想,就把所想的忘了!

为什么这样静呢?我反倒对着这安静不安起来。

于是出去,在街上走走,这街也不和我们中国的一样,也是太静了,也好像正在睡觉似的。[38]

不见得所有萧红的写作计划都受到她情绪和环境的影响而夭折,但如果我们很坦诚地说,其中有些的确是如此的[39]。在1936年九、十月间,萧红在上海报刊上发表了五篇作品(短篇和杂文),其中只有一篇注明是在日本所写,但从她写给萧军的书信中,我们便知道她在日本的五个多月中写了不少的东西。该五篇后来由文化生活出版社印成单行本。这个所谓《牛车上》的文集虽迟至1937年中才问世,但我们现在仅以此文集中有关她在日本的生活部分,在此加以讨论。

六、《牛车上》

《牛车上》这集子,读者所读到的又是一些文体不一、长短不齐、优劣相杂的篇章。这集子的第一篇1936年9月25日在《中流》创刊号上发表,题为《孤独的生活》,是作者自述在东京的寂寞岁月；前文中已摘录过一段。十天后在《作家》上刊出了集子中最短的一篇，叫《红的果园》。这是一篇表现着作者悲观倾向的作品，描写单恋的故事。此篇中的主人翁是个小学教师，萧红将他的恋情比作她"书中叙述者"小窗外果园中成熟的果树，可是与果树不同的是，这段恋情却没有开花结果。这故事短到读者还没感到兴趣就草草收了场。按着时间的顺序，下面接着是个慷慨激昂的小故事——《王四的故事》。在仅仅八页篇幅中，萧红追忆一个在过去生活中的老仆人，心中所思，他的怪癖和他的忧愁。遗憾的是读者总没机会和那在故事结尾时英勇非凡而又如蜉蝣般的王四打上交道。

作为本书集名的《牛车上》，先在1936年10月份的《文季月刊》上发表过。此篇一般被公认是萧红颇成功的短篇之一。我们现在来检讨一下。笔者认为《牛车上》这短篇比《桥》要好，但较《手》又差些。《牛车上》的女主角五云嫂，也是个悲剧性的角色。她丈夫是个被枪毙的逃兵。五云嫂将她的故事讲给她帮佣家主人的女孩（那女孩可能是本文作者的化身，也许是萧红自己的家人），和跟她同坐牛车上赶车的人听。本文作者很成功地让读者为故事中女主角心灵上的苦痛所左右，并且很巧妙地布下五云嫂等丈夫被送到当地营房和所有其他逃兵一块儿被处决的悬疑手法。倒叙手法的运用，以及将许多年前发生的事与当时在平静乡间坐牛车的情况作为对比的技巧，更增添了《牛车上》的成功。最令人惊奇的是,故事中的恶棍并非那些即将杀她丈夫的官兵——刽子手们;虽然故事中对这帮人的描写毫不留情,但书中的恶棍却是一般像她丈夫和那也是逃兵之一的车夫的所有男人们。因为他们抛下妻小,让她们受尽折磨。作者使用迂回技巧,非常有效。此外,大家所预期的收场亦没出现,此点,的确不是读者始料所及。

当五云嫂看见那从开小差地方载来的逃兵——下了船而没看见她丈夫时,心中非常难过,管事的人说她丈夫和其他带头逃的下一船才会来时,她就回家了:

我背着孩子就离开了河沿,我就挂着牌子走了下去了,我一路走一路两条腿发颤。奔来看热闹的人满街满道啦……我走过了营房的背后,兵营的墙根坐着那提着两个包裹的老头,他的包裹只剩了一个。我说:"老伯,你的儿子也没来吗?"我一问他,他就把背脊弓了起来,用手把胡子放在嘴唇上,咬着胡子就哭啦!

他还说:"因为是头目,就当地正法了咧!"当时我还不知道这"正法"是什么……㊵

虽然《牛车上》这故事不是完美无瑕,但它是个动人心弦的悲剧。

集子中最后的一篇是《家族以外的人》。这是个相当长的短篇作品（长达六十五页），是作者回忆她在呼兰的家乡和她家里那不寻常的有二伯的故事。[41]在这篇清新可读的故事中，萧红不但忆起了昔日同伴的音容笑貌和风光景色，简直可说她是重新编织了童年的心曲。故事中充满着稚气的话语，天真烂漫的行为，以及说故事的女孩的看法。写得如此逼真，不但书中的人物在读者眼中栩栩如生呼之欲出，即使萧红本人亦几乎被自己的妙笔所欺。

这位所谓"家族以外的人"就是说故事的孩子眼中看到的有二伯。[42]这个孩子常开有二伯的玩笑，她也不太明白有二伯干些什么，但偶尔会对这位老人说些真话。这个六十多岁、目不识丁的落魄老头，和他七岁的侄女之间的关系，被写得真实动人，令读者不期而然地想起了自己的童年和昔日的玩伴。读者可从女孩的态度上间接观察出有二伯与女孩父母之间的不融洽的关系。这是一篇使人全神贯注、不忍释手的作品。萧红毫不费力地将往事鲜明详尽地呈现在读者眼前，使这故事更生动有力。由下面这段，小女孩带着一满篮蛋溜出房子和邻居孩子大吃一顿的情景，就是个好例证：

"咱们来分分吧……一人几个，自家烧自家的。"
火苗旺盛起来了，伙伴们的脸孔，完全照红了。

"烧吧！放上去吧……一人三个……"

"可是多一个给谁呢？"

"给哑巴吧！"

她接过去啊啊的。

"小点声，别吵！别把到肚的东西吵靡啦。"

"多吃一个鸡蛋……下回别用手指画着骂人啦！啊！哑巴？"

蛋皮开始发黄的时候，我们为着这心上的满足，几乎要冒险叫呼喊了。

"唉呀！快要吃啦！"

"预备着吧，说熟就快的……"

"我的鸡蛋比你们的全大……像个大鸭蛋……"

"别叫……别叫。花姐她妈这半天一定睡醒啦……"[43]

在这群小家伙的共谋之下，他们吃光了那篮蛋，然后撒个谎以免受罚。篇中有好些处描写作者第一次捉到有二伯偷家中东西，第二次，第三次……这个小勒索鬼既狡猾，又铁石心肠，毫不留情。每次捉到后，她都想尽办法让有二伯带她去公园玩，或榨取其他的好处。有二伯连小孩都无法应付，在他同辈人眼中当然更是一筹莫展。他常是别人出气和嘲弄的对象。读者有时真希望他不被写得那么逼真，免得他那倒霉的一生看起来悲哀极了。就连

他家的厨子,明知有二伯不吃羊肉,都借机作弄他:

又一次,完全不是羊肉汤……而是牛肉汤……可是当二伯拿起了勺子,杨安(厨子)就说:

"羊肉汤……"

他就把勺子放下了,用筷子夹着盘子里炒茄子,杨安又告诉他:

"羊肝炒茄子。"

他把筷子去洗了洗,他自己到碗厨去拿出一碟酱菜,他还没有拿到桌子上,杨安又说:

"羊……"他说不下去。

"羊什么呢……"有二伯看着他。

"羊……羊……唔……是咸菜呀……嗯!咸菜里边说干净也不干净……"

"怎么不干净?"

"用切羊肉的刀切的咸菜。"

"我说杨安,你可不能这样……"有二伯离着桌子很远就把碟子摔了上去,桌面过于光滑,小碟在上面呱呱的跑着,撞在另一个盘子上才停住。㊹

渐渐地,有二伯好像是愈变愈糟:

但，他开始咒骂更小的东西，比方一块砖头打在他的脚上，他就坐下来，用手按住那砖头，好像他疑心那砖头会自己走到他脚上来的一样。若当鸟雀们飞着时，有什么脏污的东西落在他袖子或是什么地方，他就一面抖掉它，一面对着那已经飞过去的小东西讲着话：

"这东西……啊哈！会找地方，往袖子上掉……你也是个瞎眼睛，掉，就往那个穿绸穿缎的身上掉！往我这掉也是白……穷跑腿子……"㊺

虽然萧红在日本所写的大部分作品，字里行间充满着失望的情绪，但她在写《家族以外的人》时必定是心情很好㊻。这可能是她远离上海留日数月中唯一不感到孤寂和沮丧的时候。而这篇可算是《牛车上》集子中最精彩的，也是她的颇成功的作品中的一篇。

七、鲁迅的逝世

1936年10月19日清晨五点二十五分，鲁迅在自宅中与世长辞。他死时享年五十有五，三天后安葬于上海。当天有成千上万各种行业的人为他送殡。在鲁迅去世前几天才回到上海的萧军㊼是鲁迅的扶棺人之一，其他有日本人鹿地亘和十多位青年作家。㊽萧红于鲁迅下葬的那天才得知他的死讯：

关于周先生的死,21日的报上,我就渺渺茫茫知道一点,但我不相信自己是对的,我跑去问那唯一的熟人,她说:"你是不懂日本文的,你看错了。"我很希望我是看错,所以很安心的回来了,虽然去的时候是流着眼泪。

昨夜,我是不能不哭了,我看到一张中国报上清清楚楚登着他的照片,而且是那么痛苦的一刻。可惜我的哭声不能和你们的哭声混在一道。

现在他已经离开我们五天了,不知现在他睡到那里去了。[49]

萧红在日本的"自动禁闭"是非常彻底的,她甚至连和鲁迅都没通过信。鲁迅死前两周曾写信给沈明甫(茅盾):"萧红一去之后,并未给我一信,通知地址;近闻已将回沪,然亦不知其详,所以来意不能转达也。"[50]后来当萧红听到消息说她再也见不到鲁迅的面,再也收不到他的信时,心中的悲痛是可以想象的,就像她数日后写给萧军信中所说:"其实一个人的死是必然的,但知道那道理是道理,情感上就总不行。"[51]萧红心中的孤寂,因鲁迅的逝世而日益加深。[52]她不仅为鲁迅的去世而悲哀,她更惦念着鲁迅的未亡人(他的妻子和孩子):

可怕的是许女士的悲痛,想个法子,好好的安慰着她,最好是使她不要静下来,多多的和她来往,过了这一个最难忍的痛苦的初期,以后总是比开头容易平伏下来。还有那孩子我真不能够想象了,我想一步踏了回来,这想象的时间,在一个完全孤独了的人是多么可怕!

最后,你替我去送一个花圈或是什么。

告诉许女士,看在孩子的面上,不要太多哭。[53]

在鲁迅死后的岁月中,萧红写了成千上万的哀悼文字。但下列的短短二十七个字却道尽了她个人痛失良师的感受:

和珍宝一样得来的友情,

一旦失掉了,

那刺痛就更甚于失掉了珍宝。[54]

注释

①Mym Wales:《中国现代文学运动》(*The Modern Literary Movement*),斯诺(Snow)主编《活的中国:中国当代小说选》(*Living China : Modern Chinese Short Stories*)附录A,第348页。本文所引这些话是斯诺与鲁迅谈话中所说。

②景宋:《追忆萧红》,《文艺复兴》1946年第1卷第6期,第17页。

③景宋:《追忆萧红》,《文艺复兴》1946年第1卷第6期,第17页。

④［美］史沫特莱（Agnes Smedley）:《中国圣战之歌》（*Battle Hymn of China*, New York, 1943），第525页。

史沫特莱（1894—1950），曾在印度逗留数载，后至中国，以便亲身经历"革命"大业。她后来成为"左联"的有力支持者，并与当时文坛及政坛知名人物相交甚切。

⑤芬君:《鲁迅访问记》，登太编《鲁迅访问记》（1939，上海），第132页。

⑥夏济安:《鲁迅与左翼作家联盟的解体》（*Lu Hsun and the Dissolution of the League of Leftist Writers*），《黑暗的闸门》（*The Gate of Darkness*），华盛顿大学出版社1968年版，第116页。

⑦萧红:《回忆鲁迅先生》，生活书店1940年版，第5、6页。在第7页上她说她几乎每天去看鲁迅。

丁言昭（《萧红在上海事迹考》，《东北现代文学史料》1982年第4辑，第37页）说二萧是于3月间搬到北四川路去的。据萧军云：

"我们搬到北四川路底来住，原因有两个：一个是我们不想再分散先生的精力，免得总要他给我们回信，有些琐事顺便和先生谈一下就随时可以解决了；第二个原因是我们的内心想法，由于我们觉得自己全年轻力壮——特别是我，很想在先生的生活上、工作上……能有所尽力，帮助他家一下。（见萧军编注:《鲁迅给萧军萧红信简注释录》，黑龙江人民出版社1981年版，第2—3页。）

⑧周建人（1899—1984），曾为植物学家；新中国成立后，数

度出任政府要职。建人与鲁迅手足情深,与其妻几乎每日去鲁宅拜望。此与鲁迅另一弟,以散文享誉文坛的周作人,大相径庭。周作人(1885—1966)自1923年起,即与鲁迅不和,时相龃龉,形同水火。

⑨萧红:《回忆鲁迅先生》,生活书店1940年版,第8页。

⑩景宋:《追忆萧红》,《文艺复兴》1946年第1卷第6期,第18页。后来萧红在给许的信中称赞许所介绍的药力功效。不久,萧红又有身孕,但不幸流产(见本书第五章),因此使萧红本不健壮的身体更加恶化。许广平对此事耿耿于怀,因之作下面的诗文以表歉疚:

生命的火花在地下奔腾,

让它突出来,

毁却这贪婪的世界,

和杀人不见血的吃人者,

从灰烬里再生,

就是一株小草也好;

只要有你的精力潜在。

⑪萧军本人也曾提及过他在这几方面的看法:

由于我像对于一个孩子似的对她"保护"惯了。而我也很习惯于以一个"保护者"自居,这使我感到光荣和骄傲!(萧军编注:《萧红书简辑存注释录》,黑龙江人民出版社1981年版,第36页);

又:

"由于自己是健康的人,强壮的人,对于体弱的人,有病的人……

的痛苦是难于体会得如何深刻的。所谓"关心",也仅仅是理性上的以至"礼貌"上的关心,很快就会忘掉的。我和她之间就是这种情况。俗语所谓"同病相怜",只有是"同病"才能够做到真正的"相怜",这话是对的。"(萧军编注:《萧红书简辑存注释录》,黑龙江人民出版社1981年版,第32页)

⑫聂绀弩:《在西安》,《沉吟》,上海文化供应社1948年版,第95页。又收入王观泉编:《怀念萧红》,黑龙江人民出版社1981年版,第34页。

⑬萧红:《商市街》,文化生活出版社1936年版,第28—29页。此书包括四十一个短的章节,其中至少有十一篇曾分别在1935至1936年期间由《文学》《文季月刊》《中学生》等刊物发表过,书后有朗华(萧军)的《读后记》。本书文后即注有原书(文化生活出版社版)页数。

⑭此话为鲁迅在《生死场》序言中所用(见中流出版社版,第1页;黑龙江人民出版社,第7页)。

⑮许广平编:《鲁迅书简》,香港百新图书文具公司1964年版,下册,第946—947页。

⑯周扬:《现阶段的文学》,林淙编选《现阶段的文学论战集》,上海书店1936年版,第76—77页;及辛人:《论当前文学的诸问题》,登太编《鲁迅访问记》,第99页。

⑰萧红:《桥》,文化生活出版社1936年版,第111—112页;《萧

红选集》(1981年)，第344—345页。

⑱萧红：《桥》，文化生活出版社1936年版，第128—129页（《萧红选集》，第354页）。

⑲萧红：《桥》，文化生活出版社1936年版，第17页（《萧红选集》，第224页）。

⑳萧红：《桥》，文化生活出版社1936年版，第19页（《萧红选集》，第225页）。

㉑萧红：《桥》，文化生活出版社1936年版，第36页（《萧红选集》，第235页）。

㉒萧红：《桥》，文化生活出版社1936年版，第23页（《萧红选集》，第227页）。

㉓萧红：《桥》，文化生活出版社1936年版，第55—56页。

㉔《鲁迅日记》，下卷，第1126页。这次萧红已有一个多月没去看鲁迅了；见萧红：《回忆鲁迅先生》，妇女生活社1940年版，第52—53页。

㉕在10月24日写给萧军的一封信中，萧红回忆起三月前去向鲁迅辞行之事；见萧红：《海外的悲悼》，《中流》1936年第1卷第5号，第289页，又收入《萧红选集》，第181页。

㉖《鲁迅日记》，下卷，人民文学出版社1959年版，第1127页。

㉗冯雪峰：《回忆鲁迅》，人民文学出版社1959年版，第195页。

㉘萧军编注：《萧红书简辑存注释录》，黑龙江人民出版社1981

年版，第6—7页。

㉙在1936年的日记中，鲁迅经常谈到萧红常一个人到他家做客；鲁迅的一位门徒亲自对笔者表示过鲁迅几次因为萧军对萧红的态度之坏而感到不满，便不许萧军陪萧红来。

㉚鹿地亘，1903年出生，日本东京帝国大学日文系毕业，跟随剧团来到中国，经由内山完造的介绍，结识鲁迅；在战时与妻池田幸子（Ikeda Yukiko,1910—1973）同为二萧密友。

㉛萧军编注：《萧红书简辑存注释录》，黑龙江人民出版社1981年版，第11页。

㉜萧红：《"九一八"致弟弟书》，《大公报》1941年9月26日第4版，这篇短文大概为萧红最后执笔写的文章。

㉝萧军编注：《萧红书简辑存注释录》，黑龙江人民出版社1981年版，第11页。

㉞萧红：《异国》，《萧红书简辑存注释录》，黑龙江人民出版社1981年版，第12—13页。

㉟萧红：《异国》，《萧红书简辑存注释录》，黑龙江人民出版社1981年版，第40页。

㊱萧红：《异国》，《萧红书简辑存注释录》，黑龙江人民出版社1981年版，第24页。

㊲萧红：《孤独的生活》，《牛车上》，文化生活出版社1937年版，第95—96页；又收入《萧红选集》，第28页。

㊳萧红:《孤独的生活》,《牛车上》,文化生活出版社1937年版,第93页(《萧红选集》,第117页)。

㊴在日本期间更是如此。

㊵萧红:《孤独的生活》,《牛车上》,文化生活出版社1937年版,第16页(《萧红选集》,第220页)。

㊶这故事原在《作家》10月及11月号连载,也是该刊10月份特稿,用作者原稿的第一页作封面。

㊷有关"有二伯"这位萧红的伯叔长辈,参阅肖凤:《萧红传》,百花文艺出版社1980年版,第8—9页。

㊸萧红:《牛车上》,文化生活出版社1937年版,第26—27页(《萧红选集》,第14页)。

㊹萧红:《牛车上》,文化生活出版社1937年版,第62—63页(《萧红选集》,第33—34页)。

㊺萧红:《牛车上》,文化生活出版社1937年版,第65—66页(《萧红选集》,第35页)。

㊻萧红在9月4日给萧军的信中也提到了此篇:"51页就算完了。自己觉得写得不错,所以很高兴。"见萧军编注:《萧红书简辑存注释录》,黑龙江人民出版社1981年版,第39页。

㊼萧军是在10月14日去看鲁迅的;他第一篇追悼文,《十月十五日》,显然有误(见《鲁迅日记》,下卷,人民文学出版社1959年版,第1139页)。当时萧军带去了萧红的《商市街》和他自己的短篇集之一。

㊽有关鲁迅善后事,见《鲁迅先生纪念集》,文化生活出版社1937年版。二萧都是该集的编辑委员会委员。

㊾萧红:《海外的悲悼》,《中流》1936年第1卷第5期,第289页;文后《编者按》中说:"这是萧红女士在日本听到鲁迅先生逝世消息后写给她的亲人田军(萧军)的信,因为路远,我们来不及叫她给《中流》专号写稿,便将这信发表了。好让她的哭声和我们的哭声混在一道。"这篇又收入《萧红选集》,第181页。

㊿许广平编:《鲁迅书简》,香港百新图书文具公司1964年版,下册,第1013页。

据萧军云:

"萧红临去日本以前,我们决定谁也不必给先生写信,免得他再复信,因此她在日本期间,我在青岛期间,谁也没给先生写信,只是通过在上海的黄源兄从侧面了解一下先生的情况,把我们的情况简单地向先生说一说,因为这年先生的病情是很不好的。"(萧军编注:《鲁迅给萧军萧红信简注释录》,黑龙江人民出版社1981年版,第3页。)

○51萧军:《让他自己……》,《作家》月刊1936年第2卷第2期,第363页。鲁迅的死对萧红来说是个莫大的打击,这是可想而知的,但因为在给萧军的信中提得不多,所以她当时内心的痛苦不好确定。但在1982年,台湾的一位女作家写了一本名为《梦回呼兰河——萧红传》的长篇小说。作者凭自己丰富的想象力重新为当时这件大事做了一番描绘。作者谢霜天,是女性,对女性心理状态的了解比较深刻,所以有关萧红在日本听到鲁迅于上海去世的消息所生的反应写来细致逼真。《东北现代文学史料》第4辑对这本书做了摘要。

㊾ 萧红在日本时的心境可从她写的一组定名为《沙粒》的短诗中看出来。这组小诗集据推测是1937年1月3日她在东京写的。这34首像日本俳句似的小诗,以悄吟为笔名在1937年3月20日《文丛》的创刊号(第164—170页)上发表。诗中很明显地表露出她的自怜及远离亲朋的伤感。仅录其中数首于下,以飨读者:

第十首:

朋友和敌人我都一样的崇敬,

因为在我的灵魂上他们都画过条纹。

第十六首:

人在孤独的时候,

反而不愿意看到孤独的东西。

第十七首:

生命为什么不挂着铃子,

不然丢了你,

怎么感到有所失?

第二十首:

理想的白马骑不得,

梦中的爱人爱不得。

第三十四首：

什么是痛苦，

说不出的痛苦最痛苦。

这些诗与萧红在哈尔滨、日本和上海所写的其他诗歌后来被收成小集子（该集萧红生前尚未出版过）。见余时：《萧红的诗》，《海洋文艺》（香港）1979年第6卷第7期，第12—18页；吕福堂：《有关〈萧红自集诗稿〉的一些情况》，《中国现代文学研究丛刊》1980年第3辑，第319—336页；熏风：《不以诗名，别具诗心——谈谈作为诗人的萧红》，《学习与探索》1981年第5期，第1—12页。

㊼萧红：《海外的悲悼》，《中流》1936年第1卷第5期，第289页；《萧红选集》，第181页。

㊾萧红：《沙粒》，《文丛》1937年第1卷第1期，第166页；又见吕福堂：《有关〈萧红自集诗稿〉的一些情况》，《中国现代文学研究丛刊》1980年第3辑，第328页。

第五章　命定独行的萧红

——"我好像命定要一个人走！"

一、上海：1937 年

1937年1月萧红从东京到横滨市，9日上了日本邮船"秩父丸"归国。在神户港稍停后，直接驶往上海，13日才到。①到了上海后，立即与萧军会合，两个人搬进法租界的吕班路（Rue Dubail——现名重庆南路）的亭子间。②二萧此时与日本人鹿地亘及其妻池田幸子结成挚友，又与东北旧友孙陵夫妇异地重逢，往来甚勤，他们的住处近在咫尺。据孙陵说，萧红当时神采飞扬，兴致甚高，而这时萧红与她弟弟终于获得见面的机会；据她自己的回忆，他们姐弟在上海的往来甚多③。

萧红自日本返回后，常去鲁宅看许广平，以及去鲁迅墓地拜墓。在1937年3月8日，她写了一首悼念鲁迅的诗：

跟着别人的脚迹，

我走进了墓地，

又跟着别人的脚迹，

来到了你的墓边。

那天是个半阴的天气，

你死后我第一次来拜访你。

我就在墓边竖了一株小小的花草，

但并不是用以招吊你的亡灵，

只是说一声："久违。"

我们踏着墓畔的小草，

听着附近的石匠钻刻着墓石，

或是碑文的声音。

那一刻，

胸中的肺叶跳跃了起来。

我哭着你，

不是哭你，

而是哭着正义。

你的死,

总觉得是带走了正义,

虽然正义并不能被人带走。

我们走出了墓地,

那送着我们的仍是那铁钻擎打着石头的声音,

我不敢去问那石匠,

将来他为着你将刻成怎样的碑文?④

上面这首诗,虽未必是绝妙好诗,但诗中却充分表现出典型的萧红风格。

我们无法猜到萧红自日本返国时对萧军到底抱着多少幻想和期望,但如果她梦想着再和萧军过平静安稳的日子,那么她不久就会尝到失望的苦果。虽然萧军返沪后的行踪也是像萧红一样扑朔迷离,但我们可从资料中看出,他在政治活动上非常活跃,而对与他同居的萧红却日渐疏远。

在思想意识上,萧军和鲁迅早期徒众如胡风等合流。鹿地亘曾说,胡风、萧军、萧红和其他数人形成他们自己在文学上的派别。他们奉鲁迅为偶像,但又是一群自以为是的文人:

他们和胡风混在一起,自认为是所谓"鲁迅帮",

在当时上海文艺圈中，故意形成一小团体……像胡风那样的……对此暗中加以鼓动利用，趁势在文学界中，使其形成自己一派势力，那轻率而带有无政府主义色彩的萧军竟狂言"只有我们才懂文学"，我深深了解萧军是如何被牵入此圈内的。⑤

一言以蔽之，鹿地亘认为萧军是"被胡风所利用"⑥。当时萧军因积极参与左派各种活动，根本没时间与萧红在一块儿。除了他的政治活动以外，即使在家中的有限时间也有了问题。孙陵曾叙述："他们的感情很坏，住在一起，三郎时常用拳头打她，有时把她底面孔都打青了。"⑦此外，萧军在此期间，还卷入桃色事件，骆宾基在小传中对萧军与一名编辑"H"之事记载甚详。萧红事后也曾将她对萧军的疑心告知了她的朋友。⑧总之，萧红此时既受某种虐待，也被忽视，而且她再没鲁迅可投诉了。并且我们可以找到她再度离家出走后，不幸被萧军的友人抓回的证据。⑨

1937年4月23日，萧红一个人坐火车往北京。⑩快到目的地之前，她对北方的风景、战争的气氛和她本人内心的不安这么形容着：

军：

现在是下午两点，火车摇得很厉害，几乎写不成字。

火车已经过了黄河桥,但我的心好像仍然在悬空着,一路上看些被砍折的秃树,白色的鸭鹅和一些从西安回来的东北军。马匹就在铁道旁吃草,也有的成排的站在运货的车厢里边,马的背脊成了一条线,好像鱼的背脊一样。而车厢上则写着津浦。

我带的苹果吃了一个,纸烟只吃了三两颗。一切欲望好像都不怎样大,只觉得厌烦,厌烦。

这是第三天的上午九时,车停在一个小站,这时候我坐在会客室里,窗外平地上尽是些坟墓,远处并且飞着乌鸦和别的大鸟。从昨夜已经是来在了北方。今晨起得很早,因为天晴太阳好,贪看一些野景。

不知你正在思索一些什么?

方才经过了两片梨树地,很好看的,在朝雾里边它们隐隐约约的发着白色。

萧红之所以回到北方,据萧军的回忆是:

据说她很怀念这地方,也想再住一住。我也同意陪她来北京住一住——尽管我对当时北京第一次给我的印象不算太好——也许较长的时间住一住,也许可能就会发生"感情"了。她定做为"先遣部队",先来北京的。

萧军却没去,而萧红约一月后便搭车回上海,又一次与萧军重聚。萧红在北京短短几个礼拜的时间,除了给萧军的七八封信外,似乎都没写别的东西,但这段日子对于她和萧军的关系,她自己基本的思想,甚至于她写作的计划与想法,影响并不小。当时她的思想可以由这一段文字中反映出来:

> 我的长篇并没有计划,但此时我并不过于自责,"为了恋爱,而忘掉了人民,女人的性格啊!自私啊!"从前,我也这样想,可是现在我不了,因为我看见男子为了并不值得爱的女子,不但忘了人民,而且忘了性命。何况我还没有忘了性命,就是忘性命也是值得呀!在人生的路上,总算有一个时期在我的脚迹旁边,也踏着他的脚迹。(总算两个灵魂和两根琴弦似的互相调谐过)

萧红在北京时,重遇老友李洁吾[11]和舒群[12]。因为李氏此时已成了家,萧红与他的来往并不算愉快,跟与舒群的情况截然不同:

军:
　　前天去逛了长城,是同黑人一块去的。真伟大,那些山比海洋更能震惊人的灵魂。到日暮的时候起了大风，那风声好像海声一样，《吊古战场》文上所说：风悲日曛。群山纠纷。这就正是这种景况。

夜十一时归来，疲乏得很，因为去长城的前夜，和黑人一同去看戏，因为他的公寓关门太早的缘故，就住在我的地板上，因为过惯了有纪律的生活，觉得很窘，所以通夜失眠。

不过，萧红在北京始终情绪很坏；她与萧军的关系，为了一些在上海发生的事，日日恶化，加上鲁迅的死，使她原有的忧郁升到高峰。在她给萧军的信中，往往出现这样的话：

到今天已经是一个礼拜了，还是安不下心了，人这动物，真不是好动物。

又：

但心情又和在日本差不多，虽然有两个熟人，也还是差不多。

又：

我已经离开上海半月多了,心绪仍是乱绞,我想我这是走的败路。

最后:

这几天我又恢复了夜里骇怕的毛病,并且在梦中常常生起死的那个观念。

痛苦的人生啊!服毒的人生啊!

我常常怀疑自己或者我怕是忍耐不住了吧?我的神经或者比丝线还细了吧?

我是多么替自己避免着这种想头,但还有比正在经验着的还更真切的吗?我现在就正在经验着。

我哭,我也是不能哭。不允许我哭,失掉了哭的自由了。我不知为什么把自己弄得这样,连精神都给自己上了枷锁了。

这回的心情还不比去日本的心情,什么能救了我呀!上帝!什么能救了我呀!

显然此时萧红心绪坏得不能再坏,但在5月12日萧军给萧红写了一封信,信内说道:

我近几夜睡眠又不甚好,恐又要旧病复发。如你愿意,即请见信后,束装来沪。待至6月底,我们再共同去青岛。

在这样的情况下,身为女性的萧红怎能不立刻回去呢?何况是最怕孤独、渴望被重视的她?不几日她就搭车回去,去青岛的梦则当然实现不了。如果说萧红1937年在私人感情上、情绪上与以前同样艰辛,那么她在文学上的成就则比过去逊色多了。1937年,她竟连一篇小说也没写,她在当年的全部作品,除了上述一诗外,就只有几篇发表在《七月》杂志的随笔散文[13]。

萧红个人命运的不幸,又再度为国难所掩盖。同年7月7日,在北平近郊的卢沟桥上的军事冲突,成为数周后中日正式宣战的导火线,也因此而揭开了第二次世界大战的序幕。不久,战火就蔓延到上海,日军于当年8月13日攻击上海,三个月后,上海沦陷。二萧此时即间接参战了,原因是他们的日籍友人鹿地亘夫妇当时公开主张中国人应抵抗日本侵略,被日军当作奸细追捕。二萧在鹿地氏夫妇没找到永久藏身之处时收容他俩,并协助他们在上海找到了避难所。萧红且不时地接济他们。[14]后来鹿地氏夫妇逃往中国内地。不久,留在上海的大部分作家都了解他们在上海非但不受欢迎,而且非常危险。究竟萧红和其他作家何时离沪无法确定,但大概在9月或10月间他们都逃往湖北的武昌和汉口。⑮

二、湖北、山西和陕西（1937—1938）

上海于1937年11月陷落后，在上海的作家有几条路可选择：一则他们可以像鲁迅弟弟周作人一样留在日据地区继续过着相当程度"自由"的写作生涯（受限制之处是很显然的）；再则，他们可像丁玲那样到延安去加入共产党阵营；或者，他们可去国民政府控制的武汉、重庆、桂林等地。最初，武汉成了国统区文艺活动大本营，不久一个新的组织——中华全国文艺界抗敌协会，于1938年3月27日在汉口成立，各大城市有分会。此会是当时最重要、活动最多、范围最广的文艺团体。该会因与当时国共和谈宣言联合一致抗日的口号相呼应，各方都大力支持其活动，当时爱国宣传，如日中天。萧红与该会的关系如何，不得而知。但由她仅有的一点作品中仍可看出她并不十分热心响应该会高亢的爱国宣传。自1937年至1938年中，萧红的作品都是发表在专登胡风一系作家作品的《七月》杂志上。

二萧在武昌时，住在诗人蒋锡金家中，蒋家亦为《七月》杂志社社址。⑯当时蒋家成了形形色色作家们的客栈，包括端木蕻良在内⑰，很多作家都寄寓他家。二萧在那儿又与旧友梅林重逢。梅林用简短而生动的笔调描述端木：

> 有一次一个长鬓发,脸色苍白,背微驼,有着嘶哑声带,穿着流行的一字肩的西服的人走进来,他从瘦细的手上除下棕色的鸡皮手套……[18]

他与萧军截然不同啊!

当二萧到达武昌时,他们之间的关系到了几乎不能再支撑的地步。萧军惯于在友人面前揭露萧红的弱点,且对她时而拳打脚踢,使得萧红常躲在朋友家中[19]。即使在武昌那一时期,此类事件还层出不穷。以往,每当类似情形发生,萧红忍无可忍时,总是采取逃开一策,但这次却不同了,她有了援手——萧红发现了一个仰慕她而且可以保护她的人。端木蕻良对萧红有意,但萧红名气比他大,因此她在与端木之间的关系上竟占了以往享受不到的上风。可能最重要的是端木不是属于萧军群中的"死党"之一,所以萧红可以不必担心她在受着监视。这么一来,端木就成为那昙花一现的三角恋爱中的一角了。

这种情势对创作非常不利。三人在1937年底至1938年初数月中都未能写出些东西。他们隶属胡风的七月社(据说,杂志的名字是萧红起的[20]),每人充其量不过写了几篇"报告"文章,而那些也不过是阐述作家责任之类的文章。当中华全国文艺界抗敌协会大力宣传作家下乡、入伍时,这类关于作家责任的讨论显得日渐重要。1938年1月中旬,由胡风在汉口主持的一次类似讨论会，有作家十人参加（萧红、端木皆在座，萧军称病缺席）。这次会议记录，在《七月》上发表。这份记录值得我们注意的是萧红发表了意见，而她的意见竟与当时一般人鼓励作家多上前线的看法相左。当时一般作家抱怨说作家如留在城市中，那么他们就与"群众"脱离，与"生活"脱节；他们发现他们已远离"实际生活"，所以无法下笔。他们主张要实际地参与抗日斗争，以为只有如此，才能恢复写作灵感。虽然萧红在会议中的意见，显出她对文学理论欠研究，但她却非常有效地揭穿了只有上前线才能写出真正的抗战文学的论调：

> 我看，我们并没有和生活隔离。譬如躲警报，这也就是战时生活，不过我们抓不到罢了，即使我们上前线去被日本兵打死了，如果抓不住，也就写不出来。[21]

萧红上述发言的主旨是说，写作的题材到处都是，作家写不出东西并不能怪材料太少（虽然大家都以题材不足为借口，但那绝不是好理由），应归咎于他们观念不正确或观察不敏锐、不深入。有了这种毛病，即使再好、再大的题材、事件，在这类作家面前都失掉了意义。

但是大部分作家都为那直接参与抗日战争的呼声所动。1938年1月，由在山西临汾的民族革命大学创始人兼校长的李公朴（1901—1946）呼吁，各界人士往该校任教，以支持抗战。萧军决心参加，萧红、端木也随行。

他们一行在1月底离鄂到山西临汾。萧红在临汾遇到了丁玲——鲁迅曾将萧红与之相提并论过的那位女作家。丁玲和她的西北战地服务团，自1937年10月即由延安来到临汾。㉒丁玲与萧红一见如故，丁玲可能从这位年轻女作家身上看到了她自己的战前形象，所以两人很快就成了密友：

> 当萧红和我认识的时候，是在春初，那时山西还很冷，很久生活在军旅之中，习惯于粗犷的我，骤睹着她的苍白的脸，紧紧闭着的嘴唇，敏捷的动作和神经质的笑声，使我觉得很特别，而唤起许多的回忆，但她的说话是很自然而直率的。我很奇怪作为一个作家的她，为什么会那样少于世故，大概女人都容易保有纯洁和幻想，或者也就同时显得有些稚嫩和软弱的原故吧。但我们却很亲切，彼此并不感觉到有什么孤僻的性格。我们都尽情地在一块儿唱歌，每夜谈到很晚才睡觉。当然我们之中在思想上，在情感上，在性格上都不是没有差异，然而彼此都能理解，并不会因为不同意见或不同嗜好而争吵，而揶揄。㉓

2月底,日机开始轰炸临汾,为攻占该区铺路,这群人到此不到一个月就又整装就道,民族革命大学也全体迁至延安。萧军被派随学生同行,但他再度有意投笔从戎。㉔此外,他决定不与他的朋友们同行而只身前往山西北部以调查那边抗日情况。这种决定是否因与萧红关系恶化及端木的介入有关,我们不得而知,只有推测罢了。萧军对他与萧红在临汾分手时周遭的一切,记叙甚详,虽然他字里行间充满着自辩之词,但那却是对当时情况仅存的记载。据萧军记述,萧红对他参加抗日义勇军的事非常愤怒,她认为以萧军的年龄以及他的写作才能,实在不值得去战场牺牲自己。㉕萧军记得萧红曾为此绝望得痛哭并哀求他不要离去:

"我不要去运城了啊;我要同你进城去……死活在一起罢!在一起罢……若不,你也就一同走……留你一个人在这里我不放心,我懂得你的脾气……"㉖

萧红离开武汉之前,舒群曾屡次劝她到延安去,但她一直地,又坚决地不接受她朋友的建议。据舒群的回忆:

萧红的态度是一向愿意做一名无党无派的民主人士,她对政治斗争十分外行,在党派斗争的问题上,她

总是同情失败的弱者,她一生始终不渝地崇拜的政治家只有孙中山先生。㉗

但后来于同年2月24日,也就是刚从临汾撤退之时,萧红在一封给朋友的信中说:

> 我现在来到了运城,因为现在我是在民大教书了。运城是民大第三分校。这回是我一个人来的。从这里也许到延安去,没有工作,是去那里看看。2月底从运城出发,大概3月5日左右到延安。㉘

萧红之所以改变主意显然与政治毫无关系,只不过想于此再见萧军吧。

但萧军曾请求丁玲照顾萧红,带萧红到西安去。对于此事,二萧的朋友们认为他们的分离似乎是暂时性的,因萧军的性格多变而自负,过些时候就会缓和点。但此事的三个当事人内心都有数。在丁玲所坐的火车开动前,萧军私下对聂绀弩说出这次分离远比一般所想象的严重得多:

> "我的身体比你们好,苦也吃得,仗也打得。我要到五台去,但是不要告诉萧红。"

"那么萧红呢？"

"哦，萧红和你最好，你要照顾她，她在处世方面，简直什么也不懂，很容易吃亏上当的。"

"以后你们……"

"她单纯、淳厚、倔强、有才能，我爱她。但她不是妻子，尤其不是我的！"

"怎么，你们要……"

"别大惊小怪！我说过，我爱她，就是说我可以迁就。不过这是痛苦的，她也会痛苦，但是如果她不先说和我分手，我们还永远是夫妇，我决不先抛弃她！"[29]

从上述对话中有几件有趣的事显示出来：首先萧军那种令人忍无可忍地自夸他个人的神武和耐力，以及他那些对萧红降格相从的口吻都跃然纸上，这些都是迫使萧红与他疏远的原因。至于萧军谈萧红弱点的一段，的确是言之有理，但他却忽略了他本人要对那些弱点的养成负大部分责任，至于谈到他对萧红的感情，虽然他可能说了真话，但程度却非常有限。作为萧军的同居人，萧红是个被保护的孩子、管家以及什么都做的杂工。如果她是个像丁玲一样坚强的女性，她与萧军之间的关系绝不会延续那么久，即使能延续那么长，也不至于像她那种程度。与萧军分手后，萧红将她心中的话很明白地告诉了聂绀弩：

"我爱萧军,今天还爱,他是个优秀的小说家,在思想上是同志,又一同在患难中挣扎过来的!可是做他的妻子却太痛苦了!我不知你们男子为什么那样大的脾气,为什么要拿自己的妻子做出气包,为什么要对妻子不忠实!忍受屈辱,已经太久了……"㉚

萧军前一段话的最后一句非常重要:是萧红而不是萧军要中断他们之间的同居关系。从各方面看来,萧军在这种结合中占尽了便宜:萧红多年来做了他的佣人、情人、密友以及"出气包",他当然不会愿意中断这种关系。至于萧红,她对这种待遇不满是理所当然。可是从她过去优柔寡断、百事依顺的个性看来,她最后能做出那种决定是非常出人意料的。她之所以敢如此做,主要可能是因为端木的关系。端木在二萧分手这事上所扮演的角色,我们不需在他处寻求证据,即使在萧军自己的作品中也可看出端倪。萧军对端木那轻视、谩骂的话以及他那一厢情愿的幻梦,清清楚楚地证明他已很明白端木在萧红心目中早已取代了他的地位:

他说话总是一只鸭子似的带点贫薄味的响彻着。这声音与凹根的小鼻子,抽束起来的口袋似的薄嘴唇,青青的脸色……完全很调配的。近来我已经几多天没有和他交谈，我厌恶这个总企图把自己弄得像个有学问的"大作家"似的人，也总喜欢把自己的幸福建筑在别人的脖子上的人——我憎恶他。我憎恶所有这样的可怜的东西。㉛

……接着在感情的急流上起了这样一个旋涡：

——送她一道去运城罢！让她自己走，她会为了过度牵挂我，永久也得不到安宁……长个子R以及其余的人，她是不太能谈得来的，更是那凹鼻子T（端木蕻良——引者注），她比我还要憎恶他……㉜

虽然二萧互爱的誓言历历在目，但他们仍是劳燕分飞。数周后不久他们又碰了一次面，但那五年半的"冤家"终于各奔东西。从各方面看来，他俩的结合自始即不智且不该。虽然不可讳言这结合对二人都有些好处，但萧红所受到的害处和不良后果却远比萧军为多。萧红梦寐以求的平静安稳的生活常因时局和萧军的傲慢态度而成了泡影。但从另一方面来看，萧红的"写作生涯"大部分可说是受了萧军的影响和鼓动，如果要她"单枪匹马"地向写作进军，似乎是件不可思议的事。萧红之所以能崛起于文坛，萧军和鲁迅功不可没。二萧如此结局，可说是必然的结果。这次分手后，萧红立即与端木结合，但如萧红寄望着她能与端木相处得更好，那不久她就会面临着更大的失望。

大约在2月25日，丁玲的剧团和新旅伴们坐火车南下。3月1日，他们一行过了黄河，到了潼关，不久又来到西安。[33]他们的离开正当其时，因为不久日军就席卷临汾，占尽黄河北岸，离西安不到百里。当时萧红一直为私事所羁，她虽和萧军分手，但她不知是否下对了这步棋。虽然她有了新伴侣，但这位新伴侣不尽如她意，更谈不上相爱了。据聂绀弩说，萧红常向他抱怨端木蕻良是个"胆小鬼，势利鬼，马屁鬼，一天到晚在那里装腔作势的"[34]。萧红的不满并不是仅对端木蕻良一人而已，她此时对整个世界，尤其对女人的世界，感到非常心酸：

> 你知道吗？我是个女性。女性的天空是低的，羽翼是稀薄的，而身边的累赘又是笨重的！而且多么讨厌呵，女性有着过多的自我牺牲精神。这不是勇敢，倒是怯懦，是在长期的无助的牺牲状态中养成的自甘牺牲的惰性，我知道；可是我还是免不了想：我算什么呢？屈辱算什么呢？灾难算什么呢？甚至死算什么呢？我不明白，我究竟是一个人还是两个，是这样想的是我呢，还是那样想的是。不错，我要飞，但同时觉得……我会掉

下来。㉟

上文中的最后一句是引俄国童话家爱罗先珂（Vasilij Eroshenko，1899—1952）的"不要往下看，下面是奴隶的死所"㊱。聂绀弩劝她向上飞，意思是劝萧红脱离与端木那段不值得的关系。萧红此时显然心中充满着自怜情绪，并且在精神上现出强烈妄想的症候；在她那多灾多难的一生中，这可说是她所经历的非常艰苦的时节之一。后来她告诉朋友说她好怀念她那可爱的呼兰河的家，但显然她不能回去。㊲

到了西安不久，丁玲和聂绀弩决定去延安，二人同时劝萧红一块儿去，但她没答应。聂虽想尽方法阻止她与端木有瓜葛，他甚至谈到去延安会与萧军见面。但萧红此时还是不愿去，次日当聂与丁玲等动身前，曾向她做高飞暗示，最后萧红还是不听，竟然与端木留下。两周后聂与丁玲拖着萧军又回到西安。他们看到萧红和端木一块儿从丁玲在剧团所住学校的房间中出来，当时大家的窘况，令所有在场的人都非常难过。聂绀弩对当时的记载非常有趣：

> 我刚走进我的房，D.M.连忙赶过来，拿起刷子跟我刷衣服上的尘土。他低着头说："辛苦了！"我听见的却是："如果闹什么事，你要帮帮忙！"我知道，比看见一

切还要清楚地知道：那大鹏金翅鸟，被她的自我牺牲精神所累，从天空，一个筋斗，栽到"奴隶的死所"上了！[38]

萧军虽然数度试着想和萧红重修旧好，可是未能如愿。最后萧红还是和端木在4月共同回到武昌，又住进她以前和萧军同住的那间房。[39]在武昌两人举行了婚礼。[40]事后萧军去了四川的成都，在那儿他先将内地游历经过写成游记（我们以前曾引过数段）。他在兰州认识了他现在的夫人王德芬。后来他又回到延安，延安人士以作家之礼欢迎。[41]在西安时，萧红创作甚少，唯一的贡献是应丁玲之请与塞克、端木蕻良、聂绀弩合写的一个抗日宣传剧《突击》。[42]

她回到武汉后，那些朋友，其中大部分也是萧军的朋友，对她非常冷淡。她立刻就为自己辩争，对那个到如今还不知是何许人的"S"好意劝说的话所作的辩争，就是个典型代表：

"你离开萧军，朋友们是并不反对的，可是你不能一个人独立的生活吗？"

"我为什么一定要一个人独立的生活呢？因为我是女人吗？"萧红说，"我是不管朋友们有什么意见的，我不能为朋友们理想方式去生活……我自己有自己的方式！"[43]

萧红自造"孤立"的情况与日俱增。

除了很少见面的梅林以外，萧红偶尔还有几个老友可以谈谈。例如舒群和罗烽，已出版了一个半月刊《阵地》。孙陵住在一水之隔的汉口；他可能是萧红最常见的人，而她只是有困难时才去找他。她当时又有孕在身，但她怀的竟是萧军的孩子。她的困难接踵而至：1938年夏，日军将注意力转向武汉三镇，情势岌岌可危。端木想找个战地记者的职位，未能如愿，所以同年7月他计划离武汉去四川，8月他和梅林、罗烽坐小船去了重庆。据梅林说，萧红之所以没能同行是为了她的安全，让她等一条脱班的汽船。[44]可是据孙陵所记，她好像是被端木所弃，端木似乎对她生厌了。[45]端木离开后，萧红搬过江去了汉口，住进了孔罗荪住处。[46]在汉口的最后一个月，她为《大公报》写了个短篇——《汾河的圆月》。这个一千多字的故事描述一个老瞎女人，儿子在军中战死，媳妇出走，留下个小孤女与她相依为命。故事结尾时老女人疯了，在月夜她坐在汾河边，耳中依稀听到点爱国宣传队演戏的声音，作者当时的沮丧溢于言表。

三、重庆时期（1938—1939）

1938年9月，萧红以待产之身离开武汉去重庆，陪同她的有诗人冯乃超的夫人李声韵。[47]经湖北宜昌时，她在码头上跌了一跤，躺在地上好久没能起身，后来才被一个船夫扶起。[48] 9月中旬她才到重庆。她到了重庆时的心情可想而知是非常凄凉的，当她遇到先她而走的梅林时，她语气中多少带些愤慨：

"我总是一个人走路，以前在东北，到了上海后去日本，从日本回来，现在的到重庆，都是我自己一个人走路。我好像命定要一个人走路似的……"[49]

萧红刚到了重庆，因为"端木当时住在重庆《国民公报》新的男子单身宿舍里，没有地方安置萧红，只好把她送到他的友人范士荣先生家里，托范的家属照料"[50]。不久后，萧红又搬到江津，在罗烽、白朗家寄住。她临产时，白朗送她到附近的产科医院，但不幸，萧红终于小产了。[51]

这时，与萧军分手约半年，"爱上了一个她并不喜欢的人"[52]，在武汉过了好几个月极为孤独的生活，而刚生了死婴的萧红的心情可想而知。当时与她同住的白朗说：

在她自己的心里，对着一向推心置腹的故友也竟不肯吐露真情了。似乎有着不愿告人的隐痛在折磨着她的感情，不然，为什么连她的微笑也总使人感到是一种忧郁的伪装呢？

她变得是那样暴躁易怒，有两三次，为了一点小事竟例外地跟我发起脾气，直到她理智恢复，发觉我不是报复的对象时，才慢慢沉默下去。[53]

12月底她的日籍好友池田幸子从桂林也到了重庆，在歌乐山找到一间房子。萧红搬去和她同住。[54]自那时起至1939年春这段时间，萧红不但恢复了健康，而且心情也好多了。她在那里也结识了另一日籍友人绿川英子（Midorigawa Eiko）[55]。绿川回忆说，萧红那时非常喜欢与她的闺中好友喝酒、抽烟、唱歌和聊天，特别是喜欢与她最亲密的女友幸子谈天。[56]她此时写作甚勤，后来印的散文集中有四个短篇都是1939年早春在歌乐山的作品。

这个时候，端木蕻良和作家靳以一块儿任教于复旦大学，在五六月间，萧红又和端木在复旦大学临时校址北碚附近租了几间小屋再度同居[57]。根据过去的经验和事后的发展，她此次与端木的重修旧好，是非常不智的。但由于她个人的眼光短浅，终而免不了复合一途。北碚是重庆一带风景最优美的地方，特别是个能促进灵感，有助于写作之地。此后数月成了萧红写作生涯中创作颇丰时期之一；她写了好几篇散文、短篇小说和一册《回忆鲁迅先生》。所有作品我们将要一一检视。此外，她那自传体裁的小说《呼兰河传》的初稿也是在重庆完成的。[58]

萧红个人境况未能因经济的好转而改进多少，这是不足为奇的。她以前在身体上所受的萧军的凌辱却被端木不时的轻视及精神虐待所取代。[59]在靳以心目中，端木是个自私、矫饰的懒虫，他记得有一次端木当他面毁谤萧红的作品。萧红既得履行做妻子的责任，又得替他抄写他在北碚完成的小说《大江》。据靳以说："他好像把女子看成男子的附庸。"[60]此话似乎早在意料之中。

萧红到了重庆后又恢复到她离沪至日本前一两年时多产的写作状态。她在这个时期总共完成了六个短篇，后来出了单行本，1940年由上海杂志公司出版。[61]

四、《旷野的呼喊》

可以很明显地看出，萧红这个短篇集较她以前的短篇进步很多，可是这集子仍未能使她跻身于一流短篇作家之林。作为集名的这篇《旷野的呼喊》是三个长的短篇小说之一，政治性最浓，也是其中最差的一个。原因之一可能是这故事太长了点。萧红在写随笔杂感时所擅长的细腻笔法和写景物的妙笔，也时而在她的小说中出现。她这种硬填、凑篇幅、拖泥带水式的长篇大论，实在无法捉住读者们的心，让读者一页一页地读下去。即使故事中偶尔有一些精彩的地方，仍引不起读者的兴趣，而文中的高潮反而往往被人们忽略。

《旷野的呼喊》是个发生在松花江畔的故事。作者描写了一对老夫妻和他俩多天没回家的儿子的事。孩子的父亲陈公公，担心他儿子参加了抗日义勇军；那老人担心他儿子的安危竟不能做他自己的活了。他的忧愁和焦虑都活生生地表现在萧红笔下。故事中比较精彩的片段之一是陈姑妈要去向家中那被淡忘已久的灶王爷求神问卜和上香的一幕：她不但忘记了一些安排拜神的仪式，竟也背不全该诵的经文，一慌之下，她随便说了些心中话，而她竟为她自己的美言感动到说不下去了。后来儿子终于回家，他儿子说他去打猎去了，可是后来他常离家不归，据说是被日本人雇做筑桥工人。陈公公对他儿子没鲁莽地参加抗日，而且能赚钱觉得非常欣慰；他逢人便夸赞他那有眼光、顾虑周全而又能干的好儿子。可是读者们却知道这儿子已秘密参加了抗日义勇军，并且正计划着破坏那个桥。有天当陈公公正得意扬扬时，村中有人来报说有列火车被人破坏出了轨，所有修桥工人都被捕。在一场黑滚滚的狂风中，就像故事开场时一样，这个快急疯了的陈公公又独自出去找他的爱子了。这故事虽嫌太长，而且也像萧红的其他作品一样，那种常常虎头蛇尾或草率的收场令人失望，但它却像是块未经雕琢的玉，是大有可为的。因为收场太草率、太突然，这个不出色的故事变得更差了。

集子中《逃难》这一篇比较别出心裁。故事中出现了一个新人物——一个有点像有二伯似的角色。何南生是个讽刺性的人物,他是个中学教员,有个胖而胆小的太太,满屋子破铜烂铁;他对人对事有几个坚定不移的看法和一些怪癖:

> 什么是他的老毛病呢?就是他本身将要发生点困难的事情,也许这事情不一定发生,只要他一想到关于他本身的一点不痛快的事,他就对全世界怀着不满。好比他的袜子晚上脱的时候掉在地板上,差一点没给耗子咬了一个洞,又好比临走下讲台的当儿,一脚踏在一只粉笔头上,粉笔头一滚,好险没有跌了一跤。总之,危险的事情若没有发生就过去了,他就越感到那危险得了不得,所以他的嘴上除掉常常说中国人怎样怎样之外,还有一句常说的就是:"到那时候可怎么办哪……"(原书,第五六页)

> 那时战火近在咫尺,何南生正准备逃难,可是他却一再的告诉他班上的学生说,他一定最后离城。他一再说他三五天就回来,其实他是一去就不回来的。最后的一句,说的是最后的胜利是我们的……其余的他说,他与陕西共存亡,他绝不逃难。(原书,第五九页)

逃难的日子到了，他把他那一大堆无用的家当——他认为日后生活必需的那些宝物，都带到火车站上等车，可是在慌乱中，连脱了两班车，而他和他的家人仍在车站等。次日他们终于搭上了车，到达了目的地的朋友家，而故事就此收场。《逃难》这故事构想很好，读之也有趣。从这故事那种不太明显的幽默和讽刺以及独特的人物描写看来，此篇可算是萧红作品中很杰出的。此篇也显露了萧红才华的另一面。它的成功竟掩盖了作者缺乏讽刺笔调的弱点，也给一般早期沉闷的战时小说，尤其是萧红自己的创作，开拓了一个有趣的新方向。

该集中最短的一篇是《孩子的演讲》，这是个很动人但缺乏内容的小故事。在一个革命学校中，有个小孩被人请上讲台做"即席讲演"。这小孩竟误把听众因他那不成熟而爱国的话所引起的欢呼当作嘲笑。

最后的三个故事：《山下》《朦胧的期待》《莲花池》，都是典型的"萧红体"，都是对农人心理上或情绪上的描述，令人回想到她早期的故事。其中至少有两个故事，虽不完全成功，但有不少精彩的章节。

在《莲花池》这故事中，一个病孩子，因父亡，母再嫁，而跟祖父过日子，无以为生，老祖父成了职业盗墓者。故事中描写老人带的准备驱邪用的东西（火柴、皮鞭梢），从墓中盗来的东西，以及他如何将这些物品出手，这是全篇中唯一可取的片段。整体说来,《莲花池》这故事完全为那毫无必要硬凑抗日的一段中,情急的老祖父竟私通日寇,由盗墓又罪加一等变成汉奸的情节所破坏。后来老祖父被日军辱骂后赶走,小孩被打受伤,因而送了小命。以上这段插曲可能是整个故事的根源,仅占整个四十页中的四页,安排杂乱无章,与整个故事毫无关联。

《朦胧的期待》虽然与萧红以往的作品类似之处不少,但它的结尾却相当乐观。故事中的女主角李妈,是个二十五岁左右、健壮、漂亮而又纯朴的女佣。她希望嫁给雇主的卫士。在该卫士开赴前线前,特来向女主人道别,当他正和女主人谈话时,李妈跑出去替他买香烟,等她回来时他已离开了。她所得到的只不过是些回忆和希望而已。但萧红可没让故事在悲调中收尾。不知是为了政治原因或她情感的原因,萧红让故事在一线曙光中收了场:

夜里她梦见金立之从前线上回来了。"我回来安家来了,从今我们一切都好了。"他打胜了。

而且金立之的头发还和从前一样的黑。

他说:"我们一定得胜利的,我们为什么不胜利呢,没道理!"

李妈在梦中很温顺的笑了。[62]

集子中最后的一篇《山下》，可说是萧红短篇中情节发展得最缓慢的一篇。故事中却也真有些令人莫测高深的悬疑手法，但整个故事却拖泥带水。一开头作者就大费周章地浪费笔墨在可用简洁文言的小事上。这故事是叙述一个贫困而又残废的寡妇和女儿住在长江边。故事发展到一半时读者看到了那勤劳无怨的女儿，在一有钱人家帮佣。母女二人似乎苦尽甘来，生活好过些了。有一天女儿的薪水从一月四元减到两元。那些又羡又忌的邻人们开始怂恿老妇去要求东家恢复她女儿的原薪。这老女人苦思痛想了好几天，权衡轻重，有一天她终于去找女儿雇主理论，结果却是个大悲剧：女儿被解雇，母女二人又到了不名一文的地步。总之，《山下》这故事是描写一个好妇人轻信那些不管她死活的人的话，以致遭到不幸的后果。萧红的身世可与此故事一比。

五、《回忆鲁迅先生》

鲁迅先生的笑声是明朗的，是从心里的欢喜。若有人说了什么可笑的话，鲁迅先生笑得连烟卷都拿不住了，常常是笑得咳嗽起来。

鲁迅先生走路很轻捷，尤其使人记得清楚的，是他刚刚抓起帽子来往头上一扣,同时左腿就伸出去了,仿佛不顾一切地走去。

鲁迅先生不大注意人的衣裳,他说:"谁穿什么衣裳我看不见的……"

鲁迅先生生病,刚好一点,窗子开着,他坐在躺椅上,抽着烟,那天我穿着新奇的红火的上衣,很宽的袖子。……

于是我说:"周先生,我的衣裳漂亮不漂亮?"

鲁迅先生从上往下看一眼:"不大漂亮。"

过了一会又加着说:"你的裙子配得颜色不对,并不是红上衣不好看,各种颜色都是好看的,红上衣要配红裙子,不然就是黑裙子,咖啡色的就不行了,这两种颜色放在一起很混浊……你没看到外国人在街上走的吗?绝没有下边穿一件绿裙子,上边穿一件紫上衣,也没有穿一件红裙子而后穿一件白上衣的……"[63]

萧红以上述的长篇大论和个人回忆式的笔调来怀念鲁迅。在这篇《回忆鲁迅先生》中,萧红以动人的笔法,捕捉住了鲁迅最后岁月中的精彩片段;只有像她这样善于观察的作家兼鲁迅密友才能有此精妙的记述。她在文章中并没想去研究鲁迅的思想或他的政治活动,以及他的影响力、他的地位、缺点和优点。她只是用她的笔将鲁家大门敞开，让读者看看那不常见到的鲁迅家居生活；他的家庭、家中的摆设和那些令人难以忘怀的鲁迅个人性格上的特征及怪癖。她以她女性细腻的手法和像画家一样的生花妙笔将景物一一写活了。她这篇回忆文章被公认为到目前为止纪念鲁迅的文字中最隽永、最深入的一篇。

《回忆鲁迅先生》最初由生活书店在1940年7月出版。作者后记中的日子是1939年10月26日。㉔萧红写的全书，不过五十五页，而书后附有许寿裳和许广平的文章各一篇。这不是她为了纪念鲁迅而写的第一篇，也不是她最后的一篇㉕；但要算她纪念鲁迅的文章中最好的一篇。书中一部分，大约有三分之一，在成书前，曾于1939年12月以《鲁迅先生忆略》为题在《文学集林》上登载过，只是其中文章的先后顺序稍有变动而已。㉖

萧红在《回忆鲁迅先生》这本书中观察的范围非常广泛，对鲁家的每房每厅，鲁迅的书桌书架，家中鲁迅认为重要的一草一木，都有非常翔实的描述。同时在萧红的显微镜式的观察下，鲁家日常出没的人物、鲁迅自己、他孩子、他弟弟周建人、他的医生以及太太许广平等，都一一出场。毋庸置疑，书中主角仍是鲁迅先生；鲁迅的嗜好和喜怒哀乐，譬如他好喝绿茶，他唯一爱好的消遣是读书，他最讨厌读潦草不堪的信，等等，都不能逃过萧红的锐眼。至于鲁迅平常的工作日程和他自

已安排的进度,也许是读者最有兴趣知道的,而萧红在回忆中都一一记下了:

> 鲁迅先生从下午两三点钟起就陪客人,陪到五点钟,陪到六点钟,客人若在家吃饭,吃过饭又必要在一起喝茶。……
>
> 客人一走,已经是下半夜了,本来已经是睡觉的时候了,可是鲁迅先生正要开始工作。
>
> 在工作之前,他稍微阖一阖眼睛,燃起一支烟来,躺在床边上,这一支烟还没有吸完,许先生差不多就在床边睡着了。(许先生为什么睡得这么快?因为第二天早晨六七点钟就要起来管理家务。)海婴这时也在三楼和保姆一道睡着了。
>
> 全楼都寂静下去,窗外也是一点声音也没有了,鲁迅先生站起来,坐到书桌边,在那绿色的台灯下开始写文章了。
>
> 许先生说鸡鸣的时候,鲁迅先生还是坐着,街上的汽车嘟嘟的叫起来了,鲁迅先生还是坐着。
>
> 有时许先生醒了,看着玻璃窗白萨萨的了,灯光也不显得怎么亮了,鲁迅先生的背影不像夜里那样黑大。
>
> 鲁迅先生的背影是灰黑色的,仍旧坐在那里。

人家都起来了，鲁迅先生才睡下。⑥⑦

虽然萧红的文笔风趣，有时能令人全神贯注，但《回忆鲁迅先生》全文中也偶尔不经心地暴露了鲁迅的毛病：在文章中某些地方，他竟以脾气坏、固执而又刻薄的形象出现。萧红的过分坦诚及注意细微末节有时对鲁迅的近亲们不利，许广平偶尔竟像个漫无主见的鲁迅附庸，鲁迅的孩子在她笔下也偶尔成了个永远长不大而又被宠坏了的乳臭小子。可是在这本回忆的最后几页，写到鲁迅死前数日的日程，因当时萧红不在他身边，她并未加上不必要的哀痛和戏剧化场面，这么一来反而使她文章的结尾显得生动而严肃：

1936年10月17日，鲁迅先生病又发了，又是气喘。

17日，一夜未眠。

18日，终日喘着。

19日，夜的下半夜，人衰弱到极点了。天将发白时，鲁迅先生就像他平日一样，工作完了，他休息了。⑥⑧

1940年6月在《回忆鲁迅先生》出版前一个月，大时代图书公司出版了一本包括十七篇散文的《萧红散文》集子。前九篇是在另一集子《桥》中出现过的，其中有四篇篇名被改动过，其余几篇有关鲁迅、池田幸子及萧红早年学校生活的，我们已讨论过。集中的最后三四篇都是在歌乐山完成的。其中一篇有关附近寺庙，另一篇谈到一个青年逃难者。第三篇是写长江边轿夫们的事，第四篇是写重庆战事的一角。在最后一篇《滑竿》中，萧红很巧妙地把那些工作过度的轿夫与伴他们在江边拉货的驴子相比。她正如以往一样像一个观察敏锐的匠人，能将别人无法听到看到的音容捕捉住。

在重庆的一段时间，萧红至少还另有一篇作品问世，但该篇是于1938年8月6日，萧红还没离开汉口时写成的。《黄河》这篇原登载于《文艺阵地》第2卷第8期，是萧红刚到重庆时发表的。这是一个典型的低调短篇，故事是主角个人的回忆。这故事是关于一个在陕西、山西边境潼关附近渡口摆渡的船夫的，他载一名兵士过河到西安，船夫回想自己历尽的沧桑，最后他问这兵士抗日胜利后老百姓的命运到底会如何。这名兵士回答说："是的，我们这回必胜……老百姓一定有好日子过的。"⑩

不幸的是，在尝到胜利的果实前，老百姓还得遭受更多的痛苦。1939年5月1日，一批一批的日机出现在空防不严密的战时陪都雾都重庆的上空。在此后的两个月中，重庆遭到日机无情的乱炸，城中多处损失惨重，死伤枕藉。萧红亲身经历此一人间惨剧，后来她以万分激愤的口吻将此事记述在她的《放火者》中：

> 就在这火场的气味还没有停息，瓦砾还会烫手的时候，坐了飞机放火的日本人又要来了，这一天是5月12号。
>
> 警报的笛子到处叫起，不论大街或深巷，不论听得到的听不到的，不论加以防备的或是没有知觉的都卷在这声浪里了。
>
> 那拉不倒的断墙也放手了，前一刻上走着的那一些行人，现在狂乱了，发疯了，开始跑了，开始喘着，还有拉着孩子的，还有拉着女人的，还有脸色变白的。街上像来了狂风一样，尘土都被这惊慌的人群带着声响卷起来了，沿街响着关窗和锁门的声音，街上什么也看不到，只看到跑，我想疯狂的日本法西斯刽子手们若看见这一刻的时候，他们一定会满足的吧！他们是何等可以骄傲啊，他们可以看见……[70]

虽然萧红苦苦追寻和平与安定[71]，但战争总是阴魂不散似的跟随她。当重庆日日遭受日机轰炸时，她又到处找寻庇护所。最后她和端木计划离开重庆飞往香港，去编辑"大时代丛书"。[72]1940年春，她去向朋友道别。虽然大部分好友都劝阻她此行，但萧红像以往一样，仍不听人忠告；这一分离竟成了永别。

注释

①高原:《离合悲欢忆萧红》,《哈尔滨文艺》1980年12月号,第43页。

②丁言昭:《萧红在上海事迹考》,《东北现代文学史料》1982年第4辑,第45—46页。

③"等我一回到上海,你每天到我的住处来,有时我不在家,你就在楼廊等着,你就睡在楼廊的椅子上……"。见萧红:《"九一八"致弟弟书》,《大公报》1941年9月26日第4版。

④载于上海《大公报》1937年4月23日,又收入吕福堂:《有关〈萧红自集诗稿〉的一些情况》,《中国现代文学研究丛刊》1982年总第3辑,第330—331页。作者在该文第319页中指出此诗又发表在6月10日的《好文章》第9期上。萧红在她的《鲁迅先生记》一文中说她从当年春季到秋季常去拜鲁迅先生的墓;见《萧红选集》,第144页。

⑤[日]鹿地亘:《萧军ヒ(与)萧红》,(日本)《中国现代文学选集月报》1962年第8号,第2页。

⑥[日]鹿地亘:《萧军ヒ(与)萧红》,(日本)《中国现代文学选集月报》1962年第8号,第3页。

⑦孙陵:《萧红的错误婚姻》,《浮世小品》,台北正中书局1961年版,第36页。

⑧聂绀弩:《在西安》,王观泉编《怀念萧红》,黑龙江人民出版

社1981年版，第31页。此事萧军后来也承认；见萧军编注：《萧红书简辑存注释录》，黑龙江人民出版社1981年版，第119—120页。

⑨骆宾基：《萧红小传》，黑龙江人民出版社1981年版，第67—68页。

⑩萧军编注：《萧红书简辑存注释录》，黑龙江人民出版社1981年版，第108页。到达北京的日子是由萧红从北京给萧军的第一封信得知的。本章有关萧红在北京的事，除另注明外，全由《书简》得知；页数在文尾加进（）。

⑪李洁吾：《萧红在北京的时候》，《哈尔滨文艺》1981年第6期，第56—58页。

⑫赵凤翔：《萧红与舒群》，《新文学史料》1980年总第7期，第189页。

⑬这些杂感没什么文学价值，但在为萧红写传记时，其中资料或不无小补。

⑭景宋（许广平）：《追忆萧红》，第21—22页。萧红在《文艺阵地》1938年第1卷第2期，第33—44页，《记鹿地夫妇》一文中，又萧军在《七月》1937年第2期，第45—51页，发表的《上海三日记》中都提到此事，鹿地亘个人与笔者于1974年4月25日在东京大学谈话时，也非常感激萧红那时给他的帮助。

⑮萧红的《失眠之夜》上的日期是8月22日，这是她在上海完成的最后一篇文章。《一条铁路底完成》是11月27日在武汉完稿的；显

然她是在这段日子中迁到内地去的。胡风的《七月》第1期是10月16日出版；我们可推断那所谓"鲁迅帮"的人当时都在武汉。

⑯梅林：《忆萧红》，王观泉编《怀念萧红》，黑龙江人民出版社1981年版，第67页。

⑰端木蕻良，辽宁省昌图县人，原名曹兰柱，又名曹之林、曹京平、曹家京等，1912年生于一个大地主家庭。他的处女作1937年在《文学》上连载。当二萧在上海时，他仍在清华大学（1930年考入）念书。他早期的短篇和长篇小说都受读者喜爱。他与鲁迅通过信，鲁迅死前五日仍收到他的信，但两个人始终未见过面。见《鲁迅日记》，下册，第1139页。端木终于见到鲁迅的面时，鲁迅已安息于棺材里；见端木蕻良：《鲁迅先生和青年》，《鲁迅诞辰百年纪念集》，湖南人民出版社1981年版，第537—538页。

⑱梅林：《忆萧红》，《怀念萧红》，第67页。

⑲比方："她的心情十分苦闷，一到舒群住处，就把鞋子一丢，躺倒在舒群床上，愣愣地发呆。"见赵凤翔：《萧红与舒群》，《新文学史料》1980年总第7期，第190页。

⑳肖凤：《萧红传》，百花文艺出版社1980年版，第95页。

㉑《抗战以后的文艺活动动态和展望》，座谈会记录，《七月》1938年第7期，第195页。

㉒丁玲：《一年》，生活书店1939年版，第41—42页。

㉓丁玲：《风雨中忆萧红》，王观泉编《怀念萧红》，黑龙江人民

出版社1981年版,第26—27页。

㉔萧军:《侧面》,香港海燕书店1941年版,第29页。

㉕萧军:《侧面》,香港海燕书店1941年版,第8页。

㉖萧军:《侧面》,香港海燕书店1941年版,第15页。

㉗赵凤翔:《萧红与舒群》,《新文学史料》1980年总第7期,第190页。

㉘《萧红于1938年2月24日由山西运城写给高原同志的信》,附于高原《离合悲欢忆萧红》,载于《哈尔滨文艺》1980年12月号,第47页。

㉙聂绀弩:《在西安》,王观泉编《怀念萧红》,黑龙江人民出版社1981年版,第31—32页。

㉚聂绀弩:《在西安》,王观泉编《怀念萧红》,黑龙江人民出版社1981年版,第31页。

㉛萧军:《侧面》,香港海燕书店1941年版,第17页。

㉜萧军:《侧面》,香港海燕书店1941年版,第26页。在萧军的笔下,端木蕻良往往成为真正的"无名氏":不是用"T"一类的称呼代之,便是连提也不提。这一点,不仅痛恨"T"的萧军如此,凡是站在萧军那边的人士几乎都如此——不是不提,就是用"T""D""M""某君"诸如此类的简称。这些人包括胡风(《悼萧红》,作为《萧红》代序,香港三联书店1982年版)、骆宾基、聂绀弩(《回忆我和萧红的一次谈话——序〈萧红选集〉》一文,第1页中,过去的

"D.M."，又恢复他原有的名字)、梅林、陈隄、高原、孔罗荪、蒋锡金(《萧红和她的〈呼兰河传〉》，收入《怀念萧红》，第40—47页)、靳以等。笔者总认为，这又何必？

㉝丁玲：《一年》，生活书店1939年版，第138页。

㉞聂绀弩：《在西安》，王观泉编《怀念萧红》，黑龙江人民出版社1981年版，第32页。

㉟聂绀弩：《在西安》，王观泉编《怀念萧红》，黑龙江人民出版社1981年版，第30—31页。萧红在北京时给萧军的一封信中另有段类似的话：女人真是倒霉，即使进进公园也要让人家左一眼右一眼的看来看去，看得不自在。(见萧军编注：《萧红书简》，黑龙江人民出版社1981年版，第124页。)

㊱聂绀弩：《在西安》，王观泉编《怀念萧红》，黑龙江人民出版社1981年版，黑龙江人民出版社1981年版，第33页。

㊲骆宾基：《萧红小传》，第78页，萧红在此是对"C"说的。骆宾基在他小传中常将人名以英文拼音的第一个字母代替。从小传后部，我们可看出"C"，就是骆氏自己。

㊳聂绀弩：《在西安》，王观泉编《怀念萧红》，黑龙江人民出版社1981年版，第35页。

㊴梅林：《忆萧红》，王观泉编《怀念萧红》，黑龙江人民出版社1981年版，第68页。

㊵端木与萧红是否成为正式夫妇是个颇有争论性的问题。萧军、

骆宾基及其他大多数有关人士皆强烈否定,但端木本人于1980年及1981年两次向笔者表示肯定,同时也将婚礼细节,甚至于参加婚礼的人名都细述过。即使此后的端木和萧红之行为、言论偶尔不像一般的夫妇,但这都不够否定他们结了婚一事。

㊶萧军此后与共产党发生争执,在1948年被整肃。

㊷丁玲:《一年》,生活书店1939年版,第113页。剧本《突击》后来在《七月》第12期(1938年4月1日),第366—377页上发表过。据端木蕻良云,剧本的设意和创作者,"其实都是塞克一个人"。见茅盾:《书报述评》,《文艺阵地》第1卷第4号,第123页。

㊸骆宾基:《萧红小传》中,黑龙江人民出版社1981年版,第84页。

㊹梅林:《忆萧红》,王观泉编《怀念萧红》,黑龙江人民出版社1981年版,第68页。

㊺孙陵:《萧红的错误婚姻》,《浮世小品》,台北正中书局1961年版,第37页。

㊻孔罗荪:《忆萧红》,王观泉编《怀念萧红》,黑龙江人民出版社1981年版,第36—39页。

㊼孔罗荪:《忆萧红》,王观泉编《怀念萧红》,黑龙江人民出版社1981年版,第39页。

㊽这段全出现在《萧红小传》中,第86—87页。孔罗荪(《忆萧红》,王观泉编《怀念萧红》,黑龙江人民出版社1981年版,第39页)

说李声韵在宜昌病了,住进了医院,萧红因此一个人前往重庆。

㊺梅林:《忆萧红》,王观泉编《怀念萧红》,黑龙江人民出版社1981年版,第68页。

㊾肖凤:《萧红传》,百花文艺出版社1980年版,第102页。

㊿这段全根据笔者于1980年与罗峰的一次谈话。所生下来的男婴到底于产前产后死去,仍不十分清楚。

㊾白朗:《遥祭》,《文艺月报》1942年第5期,第10页。

㊾白朗:《遥祭》,《文艺月报》1942年第5期,第10页。

㊾这段全根据笔者于1980年与罗峰的一次谈话。所生下来的男婴到底于产前产后死去,仍不十分清楚。

㊾绿川英子是世界语学者,为郭沫若好友;她与萧红一见如故,成为好友,后来死于中国。见龚佩康编译:《绿色的五月——纪念绿川英子》,北京三联书店1981年版。

㊾[日]绿川英子:《忆萧红》,王观泉编《怀念萧红》,黑龙江人民出版社1981年版,第57页。

㊾据孙陵所云,萧红"到了重庆还是等着,直到知道萧军在成都而且已经结了婚,才又回到端木身边,从此死心塌地地写作"。见孙陵:《我所认识的萧红》,《台湾日报》1981年5月6日。

㊾骆宾基:《萧红小传》,黑龙江人民出版社1981年版,第134页。骆文没有"初稿"二字。书中后记的日期是1940年12月20日,香港出版。

㉙ 孙陵:《端木永做负心人》,《浮世小品》,台北正中书局1961年版,第183页。又见[日]绿川英子:《忆萧红》,王观泉编《怀念萧红》,黑龙江人民出版社1981年版,第58页。

㉚ 靳以:《悼萧红与满红》,《靳以散文小说选集》,香港建文书局1959年版,第148页。有关萧红一部分又收入王观泉编:《怀念萧红》,黑龙江人民出版社1981年版,第73—76页。

㉛ 此集的三篇为端木蕻良收在他所编的《大时代的小故事》(1940,重庆)中。本书是郑伯奇主编的《每月文库》第1辑第10本,1940年3月出版,1946年5月再版,见潘志旻:《萧红史料订正》,《读书》1980年第11期,第105页。该集原来包括七篇,但1946年再版删去了《黄河》。

㉜ 萧红:《旷野的呼喊》,上海杂志公司1940年版,第13页;又见《萧红选集》,第340页。

㉝ 萧红:《回忆鲁迅先生》,生活书店1940年版,第1—2(145)页。在括号里的数字为《萧红选集》的页数,下同。

㉞ 此书在1946年3月再版,两年后出了三版。

㉟ 萧红在香港写了一本纪念鲁迅的叫做《民族魂——鲁迅》的哑剧。见《明报月刊》(香港)第167期,第71—77页。

㊱ 在1939年11月1日,第4卷第1期的《文艺阵地》中曾有篇题名为《鲁迅先生生活散记》的文章,笔者迄今未找到该期,但此文可能是我们目下讨论的书中的一部分。

㊿ 萧红：《回忆鲁迅先生》，生活书店1940年版，第18—19（156—157）页。

㊽ 萧红：《回忆鲁迅先生》，生活书店1940年版，第55（180）页。

㊾ 萧红：《黄河》，《五行山血曲》，延安文艺突击丛书社1940年版，第95页；又收入《萧红选集》，第271页。

⑦⓪ 萧红：《放火者》，《萧红散文》，大时代书局1940年版，第104—105页；又收入《萧红选集》，第134页。

⑦① 萧红曾向朋友说过："贫穷的生活我厌倦了，我将尽量地追求享乐。"见白朗：《遥祭》，《文艺月报》1942年第5期，第10页。

⑦② 肖凤：《萧红传》，百花文艺出版社1980年版，第108页。

第六章　萧红人生旅程的终站
——香港

一、1940年——抵港后的日子

萧红于1940年1月间到达香港。①凡为萧红立传的人都一致强调她在英属香港时期的生活，非常孤寂、惊恐而又重疾缠身，她似乎已到了听天由命的地步。可是就在这种悲愁的境遇中，萧红却写出了至少三部重要的文学作品。但那三部作品无一是反映她当时的悲惨情况。这与她在日本时的写作态度大相径庭。

萧红到香港所寻求的一个平静、能修身养性和安心创作的环境，就像以往在武汉和重庆时一样成了泡影。她和端木住在九龙尖沙咀的乐道（Lock Road）②，是时代书店的所在地。③她刚到了不久，便写信给她在重庆的好友白朗，说一说她对此

城市的印象,同时露出她当时的心绪:

> 不知为什么,莉,我的心情永久是如此的郁郁,这里的一切景物都是多么恬静和幽美,有山,有树,有漫山漫野的鲜花和婉声的鸟语,更有澎湃泛白的浪潮,面对着碧澄的海水,常会使人神醉的。这一切不都正是我往日所梦想的写作的佳境吗?然而呵,如今我却只感到寂寞!在这里我没有交往,因为没有推心置腹的朋友。因此,常常使我想到你。莉,我将尽可能在冬天回去……④

萧红也曾三番五次地去信给在重庆的梅林,请他帮忙找房子。⑤但她始终没回去,就一直逗留在香港。

关于萧红与端木蕻良之间的感情,他们当时新交的朋友认为:

> 两人的感情本并不虚假。端木是文人气质,身体又弱,小时是母亲最小的儿子,养成了"娇"的习性,先天有懦弱的成分。而萧红小时没得到母爱,很年轻就跑出了家,她是具有坚强的性格,而处处又需求支持和爱。这两性格凑在一起,都在有所需求,而彼此在动荡的时代,都得不到对方给予的满足。⑥

回忆当时情况的这位周鲸文,是留港的东北民主运动领袖。他因要办一种文艺刊物,便请刚结识的端木蕻良为《时代文学》当主编。⑦虽然萧红、端木已为《星岛日报》《时代批评》写稿,但生活还很困难;可是端木"担任《时代文学》的编辑工作后,生活就更安定"⑧。

当年的7月间有件事情让萧红难过一阵子:据她7月7日给"园兄"的信(见注③)中说:"胡风有信给上海迅夫人,说我秘密飞港,行止诡秘。"在7月28日的信中她花了大篇幅批评胡风的"乱语",认为他不够朋友。

萧红于此年在写作上非常活跃:不但写了两部很出色的长篇(见下文),又发表了一篇稍长的短篇及一本极为特别的四幕哑剧《民族魂——鲁迅》。后者不但是篇非常奇特的作品,它的动机、写作与演出的过程也很复杂。当时香港文协领导人冯亦代曾云:

> 香港文协在筹备庆祝鲁迅先生六十岁诞辰时,就立意用一种最庄严的戏剧形式,将先生一生的奋斗史表现出来。哑剧的形式在中国似乎尚未见采用,但在西方演剧史上特别是宗教演剧方面,它却有过它的地位的。它以沉默、严肃、表情动作的直接简单胜,最适宜于表现伟大端庄、垂为模范的人格。⑨

文协负责人因此邀请鲁迅生前的门徒萧红来执笔,但是:

> 可惜格于文协的经济情况,人力与时间的局促,这剧本竟不能与观众见面。因此,在8月3日的纪念晚会上演出的哑剧《民族魂——鲁迅》,是以冯亦代为首的文协、漫协(中华全国漫画作家协会香港分会)会员,参照萧红那个原剧本,改编成一个适合当时演出物质、人力条件的一场四幕剧本。[10]

至于萧红的原稿,到同年10日,"为鲁迅逝世四周年纪念,分十天刊在《大公报》的《文艺》及《学生界》版中。自10月21日开始,到10月31日刊完"[11]。

作者萧红,对该哑剧曾如此声明:

> 鲁迅先生一生,所涉至广,想用一个戏剧的形式来描写是很困难的一件事,尤其用不能讲话的哑剧。
>
> 所以,这里我取的处理的态度,是用鲁迅先生的冷静、沉定,来和他周遭世界的鬼祟跳嚣作个对比。[12]

这篇相当象征性的话剧虽未曾上演过,也许根本不适于台上演出,但仍是一篇很独特的作品。人物包括真人——少年鲁迅等,鲁迅作品里的人物——孔乙己、阿Q、祥林嫂等及鬼仙什么的;剧情始终一半属于实际,一半属于幻想。剧中人物的动作和舞台设备又简单,又富有象征性的意义。总之,《民族魂——鲁迅》既能算为萧红风格的"外一章"作品[13],又是纪念鲁迅的独一无二的作品,更是中国文学史上有独特地位的文学作品。

同年的4月间,萧红的另一篇作品,短篇小说《后花园》在香港报上问世。[14]

笔者于本书的第一章中曾说道:"如果说萧红的祖父是她童年的中心人物,那么她家的后花园该算是她童年生活最重要的地方。"发表于1940年的《后花园》就是以萧红在呼兰老家的后花园作为场景的自传体小说,这一点与作者同年发表的长篇小说《呼兰河传》相同。而该篇的主要人物,除"园主"(即叙述者的祖父)和"园主小孙女"(即叙述者)外,便是《呼兰河传》第七章出现的冯歪嘴子。《后花园》虽然与《呼兰河传》略有相异之处,但因风格、基本内容及效果只不过大同小异,在此不多谈,留于下面谈论后者时再提。

1940年底,萧红的写作有着更值得注意的成效:在她的第一部小说出版后的第五年,她的第二部长篇小说《马伯乐》问世。同年12月她完成了她的第三部小说——那回忆她儿时家园的《呼兰河传》。《马伯乐》的文笔与取材异于萧红"惯用手法",但《呼兰河传》却是典型的"萧红式",而这两部作品都足以显示出她写小说的天才。

二、《马伯乐》

对于习惯于萧红一般文体和题材的读者而言,《马伯乐》是一部令人大为惊异的作品。除了在前章中所讨论过的《逃难》一文外,《马伯乐》的格调可以说是独树一帜,与其他作品截然不同。在幽默和讽刺的作品短缺时期,《马伯乐》却具有非凡的幽默感和讽刺意味。此类作品能出于萧红笔下,虽然令人惊讶不已,但并非完全出人意料。因这故事的根源,起于萧红来港前数月。《马伯乐》书中主角马先生正是《逃难》一文中何南生的化身。[15] 他们的行止非常相似,连说话的口吻及所用的口头禅都一成不变(他常说"到那时可怎么办哪"或"他妈的中国人"等等)。虽然出身的家庭背景不同,但他的切身大事——逃离战争不但一样,而且扩而大之,成为他萦绕于心的意念。从逃离战祸(他预计也希望战火会来临)、家庭及逃避现实种种事迹看来,马伯乐显露了他为人的虚伪,当然他自己是个不折不扣的伪君子。马伯乐时而粗声粗气,时而可怜兮兮,时而滑头滑脑,而有时不幸地陷入一大堆矛盾中不能自拔,世间的坏事和不幸如影随形地跟踪着他。马伯乐看不惯他爸爸一味地媚外、崇洋、觉得外国月亮圆的态度,可是他自己却既媚外又崇洋。他嘲笑太太爱钱如命,自己却是个典型的现代"克里萨斯王"——一毛不拔，为富不仁。他看不起弱者——他是反对软弱的代言人，却在太太和爸爸面前畏缩不前；他对虚伪深恶痛绝，但同时他自己处处都表现出虚情假意。

除了《商市街》之外，《马伯乐》可算是萧红主要作品中最少被人讨论到，以及最为人所忽视的一本小说。此书是在1940年由时代书店所印行（先在《时代批评》连载发表的），到1943年即再版三次。1958年，北京的人民文学出版社出的《萧红选集》也将此篇收在内。不过，有关《马伯乐》的文评仍如麟角凤距。[16]一些共产党的批评家所以忽视这作品的原因是不难推断的：它在写作技巧上与以往作品相比，虽然进步甚多，但从内容和作者的主观见解来看，却是落伍退步。因为它显示了作者脱离了战时的现状和对一般民众的关怀。[17]我们暂且对这种反应的原因略而不论，留待以后再谈。至于其他人士对这书的冷漠就令人费解了，他们的近乎完全不置一词的态度，令人莫测高深。

在中国现代文学的范畴中，幽默式的讽刺不被列为最受欢迎的体裁。事实上，所有作家中，只有老舍（舒庆春，1899—1966）可算是此中的佼佼者。老舍居英多年，受狄更斯（Dickens）的作品影响很大，所以他早期的作品大抵是滑稽讽刺式的，自然是意料中的事。但是自从老舍被推举为中华全国文艺界抗敌协会总务主任（1938年）后，他就停写这类讽刺幽默小说了。虽然此后曾有其他作家尝试步其后尘，但无人能及其项背。[18]

萧红在老舍改变文路后，试着继续他那讽刺的传统，而竟能在她初次写此类作品时就表现得非常好，实在是令人惊奇。萧红与老舍的背景截然不同，她根本没接触过西方此类作品，此外，老舍此类讽刺性小说，大部分是在国外，或1930年返国后，在那平静的学术环境中的产物，而萧红写《马伯乐》却是在战时，而且是在病中执笔的。但他们两人却有着非常显明的共同点：

萧红书中的主角——马伯乐[19]是个自私自利、放纵，但不能自力更生的迷途羔羊；他在战时的中国东飘西荡，是个十足的庸才懦夫，全身就找不到一点可取之处。可是就是他那些不足取法的毛病和缺点，使他成为生动而逗人笑的小说中的角色。对马伯乐而言，战争是个最好的借口，他既无才无德，又爱满口胡言，整天怨天尤人，逃避现实和困难，成天沉迷在自己的悲观哲学中。马伯乐之于悲观就好像伏尔泰小说中的主角赣第德（Candide）之于乐观一样。赣第德的追求乐园（乐观）就同马伯乐的逃避毁灭有异曲同工之妙。命运的变幻莫测，使马伯乐从青岛富裕的生活环境里转到上海过悲惨的日子，而最后逃亡到被战火摧残后的武汉（内地）。他的每一行动都是根据他那处世的基本哲学："万事总要留个退步。"[20]

　　虽然马伯乐是萧红尖刻讽刺的主要对象，但他却不是书中唯一的讽刺对象。他在青岛的家，那些大城市中的芸芸众生，那些阿谀者、无所事事的食客，以及社会上各种卑鄙的分子，都会以他们最丑恶的面目一一呈现在读者面前。这些人物会受到读者的唾骂，引起读者的欢笑，以及时而令读者惊讶。除了马伯乐和他所代表的一切之外，书中讽刺的笔尖大都指向马伯乐父亲那种毫无保留、毫无选择的崇洋举动和他那基督教信仰——他自私自利、完全违反教义地解释和应用当时流行的外国宗教的教义。例如，对马父与他家所雇用的洋车夫之间的一些描写。那车夫不但是带病之身，而且屡受打击，马父看在上帝的面上才雇他的：

　　　　他拉车子走得很慢，若遇到上土坡路，他一边拉着，嘴里和一匹害病的马似的一边冒着白沫。他喘得厉害，他真是要倒下来似的一点力量也没有了。

　　马伯乐的父亲坐在车上，虽然心里着一点急，但还觉得是上算的：

　　　　"若是跑得快，他能够不要钱吗？主耶稣说过，一个人不能太贪便宜。"[21]

然后有一天这可怜的车夫在马父这"仁慈"的重压下倒地不起,快咽下他最后一口气时,有人建议把车夫抬到屋里去,马父说:"我主耶稣,不喜欢狭窄的地方。"[22]又是一个高妙的"基督"真理出现了。马伯乐父亲溺爱他那顽皮的第二个孙子(马伯乐三个孩子中的老二)[23]在此又可让你看个清楚了:

有一天他打破了一个小女孩子的鼻子,流了不少的血。

回到家里,带妈向祖母说,约瑟在学堂里打破了人家的鼻子。

祖父听到了,而很高兴的说:

"男孩子是要能踢能打的呀!将来的约瑟一定会当官的。"

到了晚上,被打破鼻子那个孩子的母亲来了,说她孩子的鼻子发炎了,有些肿起来;来与他们商量一下,是否要上医院的。

约瑟的祖父一听,连忙说:

"不用,不用,用不着,用不着。上帝是能医好一切灾病的神灵。"

于是祖父跪到上帝那儿,他虔诚地为那打破鼻子的孩子祷告了一阵。

而后站起来问那个母亲:

"你也是信奉上帝的人吗?"

她回说:"不是。"

"怪不得的,你的孩子容易流血,那就是因为你不信奉上帝的缘故。不信奉上帝的人的灾祸就特别多。"

祖父向那母亲传了半天教,而后那母亲退出去了。㉔

虽然马伯乐双亲那种虚伪和非正统的宗教信仰不能使他信服,但是他却继承他双亲阿谀洋人的媚外哲学(虽然他永远不承认此点)。在正常的情况下,马伯乐认为他所敬畏的洋人是绝不会做错什么的,洋人们的一举一动都更衬托出"他妈的中国人"的落后。可是他这种态度并非一成不变。当洋人的规矩对他办事不利时(如他想迅速逃离上海而不能如意),他就立刻改变了口气:"外国人是最讨厌的,什么事都照规矩,一点也不可以乱七八糟。"㉕没什么能挡住马伯乐逃离将临战祸的心理。"逃难"对马伯乐而言,可算是人类最大的成就——如果能按他的理想去逃的话。但这就是个大难题了:因为他常常不能按他的理想去逃。当马伯乐钱快花光时,他开始了对那一点点余款的紧缩,还说:"这是什么时候,这是逃难啊!逃难不节省行吗？"到后来他变得一贫如洗时，他就如做噩梦般喊着："逃难没钱能成吗？"那即将临头的战祸，对全国人来说是个浩劫，可是却成了他唯一的救星。因为青岛将失，他太太会逃离青岛，她会带足够的钱来，这样可使他的"逃难"生活恢复正常。他的"战争"计划虽然设想周到，但是那些无谋无略的日本军却不常遵从他的计划。他对日军进展之慢感到非常愤怒。

毋庸置疑，《马伯乐》一书中这种随便而又幽默的笔调，描绘出抗战时社会的某一面，引起一些文评家的不满。马伯乐即使有那些缺点和令人可憎之处，充其量他也只是个狡猾的阴谋家，绝不是个无恶不作的恶棍。马伯乐在书中仅被塑造成一个供作嘲弄讽刺的工具，不算是个复杂的角色。但他那种胡作非为的举动，却令人难以忘怀。

从文学的观点来看，《马伯乐》中不仅只是冷嘲热讽式的幽默，萧红还以她美妙细腻的文笔捕捉住日常生活中的形形色色。这次她描述的对象是上海，特别是她曾流连过两年之久的上海租界。书中有一长段叙述卖航空奖券（即彩票）的小亭子，那些把希望寄托在开奖那天能中奖的人们的焦虑心理，活生生地重现在她笔下。

萧红时而有过分幽默的倾向，这大概要算是《马伯乐》书中最大的毛病。虽然全书大体上还算通顺、深刻，但有时却流于低级闹剧而变得令人讨厌。这类闹剧之一是马伯乐想自谋生活,第一次去上海准备开书店,全家为他饯行的场面。这以嘲弄全家祷告开场的一段,竟弄得不可收拾,最后全家连仆人都一一跪下,闹剧收场。另一例子就是表现萧红的啰唆:她描写马伯乐每次花光钱回到他那肮脏的房间时,一进门就踢倒那些堆积的酱油瓶等等一类鸡毛蒜皮小事。正如以往一样,萧红时而漫不经心,所以在描写人物时,免不了有虎头蛇尾之处。

以上所提出的那些瑕疵,实是微不足道。《马伯乐》这书仍是非常成功,它读来令人捧腹,书中的幽默与讽刺笔调,刻画出战时中国的形形色色的人物与社会生活,在当时可说是非常难得的。萧红本来打算将《马伯乐》写成三部曲,让这角色超越武汉,以便与她自己的行程相配合。但她虽然于1941年完成了《马伯乐》第二部,却终于没能照计划让马伯乐漫游全中国;如果她能全功,那部书可能使她跻身于一流讽刺作家之林,但如仅就她完成的部分而言,那只足以说明萧红何以能在短短六七年写作生涯中,成为一个相当成熟而具有多方面才华作家的理由。此外,萧红写作此书时,是她的个人情绪陷于生命低潮之一的时候,但她却能把她个人消沉的情绪控制住,实在不容易。

就我们所讨论过的这章节来看,《马伯乐》受到中国文评家们不利的批评,实在是令人费解。因为就书中显而易见的对社会中某些应受谴责的深具劣根性的人们的讽刺,尤其是书中对主角那种对日抗战态度的讽刺来说，萧红这书至少可说是符合所谓"战时文学"的最低标准。然而书中的确有些地方与当时潮流格格不入，由政治观点来看，就大大削弱了此书的价值。书中从头到尾的那些"幽默"，就不是当时"时髦"的风格。不可否认的另一件事是战争仅在《马伯乐》一书中勉强地露了个面，小说中对日本侵略者最大的攻击是描写一个日本水兵在战前的青岛调戏他同胞妻子的一幕（此处又显示出马伯乐的另一面——一个爱偷窥别人男女私情的色情狂）。书中主角——马伯乐，虽不是抗日的栋梁之材，可是他却经得起考验，历久不衰。他虽然恶行不少，毛病很多，但他却吸引着读者，而且赢得读者的同情。我们似乎都希望他福星高照，但那可能性不大。萧红在书中还将她锋利的笔尖指向那些无人敢碰的战时文学和那些自以为是的所谓爱国作家们。

很遗憾地，可能就是因为这种对爱国文学和作家的讽刺态度，致使战时的文评家们对《马伯乐》反应冷漠，当时几乎无人愿置一词。那些文评家们简直有点手足无措。因为萧红毕竟算个进步作家，她，论公论私都可说是路线非常"正确"。若我们撇开政治观点不论，而纯就《马伯乐》一书的本身价值来估价，可看出萧红不但是个有天才的人，而且也是个有多方面才华的作家。

三、《呼兰河传》

到目前为止，除了偶尔有神来之笔外，萧红可算是个所谓"内观"和"自传体"型的作家；她能生动地将她周遭的景色人物呈现在读者前。因此，她最成功和最感人的作品，大多是经由她个人主观和想象，将过去的事详尽、真实地再创造。《后花园》《手》《牛车上》以及《家族以外的人》都是此中的好例证。虽然她的书中往往有她自己，但她并非写自传（《商市街》显然是个例外），而是由于她的出现能使故事有连续性和真实感。她最后的杰作《呼兰河传》，可说是她这种体裁的延续，并且是她的巅峰之作。这书严格来说，不能算是典型的小说，它大部分牵涉个人私事，叙述性强，但书中却有着像诗样美的辞章，以及扣人心弦的情节。如同屠格涅夫的《猎人记略》（*Sketches From a Hunter's Album*），《呼兰河传》也是在时空上都远离故事中题材人物的环境中所写成的。这两本书都是背井离乡者在思乡情绪下的产物。两个作者都能以无与伦比的技巧、手法和情感去描写故乡山川之美，且都能以敏锐的观察力和同情心去写不是他们同行的农人们的事（但对萧红而言，至少我们可感觉到她对农民有着相当的不耐烦和失望），此两书的相同点就止于此。屠格涅夫的《猎人记略》虽偶尔有点实情掺杂其中，但它却是个虚构的小说，其中含有大量的嘲弄讽刺,并且带着社会改革的信息。萧红故事中的人物和情节虽大都根据事实,而且与她个人回忆中的事物相吻合,但她却大抵加以润色修饰过。屠格涅夫以《猎人记略》为他写作生涯开先河,而萧红却几乎以《呼兰河传》作为她写作及生命的休止符。

当萧红写《呼兰河传》时,其他中国作家们大都在写战时报道文学、短文、戏剧,或者写抗日性的小说或短篇宣传品等作品,而很少能算文学创作。萧红也有她的想法,但她的传播方式都是她自选自定的;她要做个道道地地的作家,而不愿仅做个宣传家,因此她的《呼兰河传》就成了当时最优秀的作品。但从政治观点上来看,此书和她的其他作品都遭到当时某些文评家很严厉的批评,不过该书并未遭所有人非难。如茅盾于1946年曾为此书写过一篇长序,他这篇序文比鲁迅为萧红的《生死场》所写的那篇要好得多。茅盾说:

> 也许有人会觉得《呼兰河传》不是一部小说。
>
> 他们也许会这样说:没有贯串全书的线索,故事和人物都是零零碎碎,都是片段的,不是整个的有机体,也许又有人觉得《呼兰河传》好像是自传,却又不完全像自传。但是我却觉得正因其不完全像自传,所以更好,更有意义。
>
> 而且我们不也可以说:要点不在《呼兰河传》不像

是一部严格意义的小说,而在于它这"不像"之外,还有些别的东西——一些比"像"一部小说更为"诱人"些的东西,它是一篇叙事诗,一幅多彩的风土画,一串凄婉的歌谣。有讽刺,也有幽默。开始读时有轻松之感,然而愈读下去心头就会一点一点沉重起来。可是,仍然有美,即使这美有点病态,也仍然不能不使你炫惑。

也许你要说《呼兰河传》没有一个人物是积极性的,都是些甘愿做传统思想的奴隶而又自艾的可怜虫,而作者对于他们的态度也不是单纯的。她不留情地鞭笞他们,可是她又同情他们:她给我们看,这些屈服于传统的人多么愚蠢而顽固——有时甚至于残忍,然而他们的本质是善良的,他们不欺诈,不虚伪,他们也不好吃懒做,他们极容易满足。[26]

茅盾序中也许有点为萧红留余地,但大体上可算是褒扬有加的一篇评论。连对她书中的主要缺点的批评,态度也可说是非常温和了:

如果让我们在《呼兰河传》找作者思想的弱点,那么,问题恐怕不在于作者所写的人物都缺乏积极性,而在于作者写这些人物的梦魇似的生活时给人们这样一个印象：除了因为愚昧保守而自食其果，这些人物的生活原也悠然自得其乐，在这里，我们看不见封建的剥削和压迫，也看不见日本帝国主义那种血腥的侵略，而这两重的铁枷，在呼兰河人民生活的比重上，该也不会轻于他们自身的愚昧保守吧？[27]

有些文评家认为萧红的《呼兰河传》是一大退步之作，是文学上的败笔，并且说作者完全脱离群众和斗争。但他们也承认此书在技巧和修辞上较她以前作品进步很多。[28]

茅盾对本书评论中的措辞可以说是最适当不过了。他比喻那小说像"一篇叙事诗，一幅多彩的风土画，一串凄婉的歌谣"。这些比喻的最好证明，可从萧红描写她家乡的日落中看出：

这地方的晚霞是很好看的，有一个土名，叫火烧云。说"晚霞"人们不懂，若一说"火烧云"就连三岁的孩子也会呀呀的往西天空里指给你看。

晚饭一过，火烧云就上来了，照得小孩子的脸是红的，把大白狗变成红色的狗了，红公鸡就变成金的了，黑母鸡变成紫檀色的了。喂猪的老头子，往墙根上靠，他笑盈盈的看着他的两匹小白猪，变成小金猪了，他刚想说：

"他妈的,你们也变了……"

他的旁边走来了一个乘凉的人,那人说:

"你老人家必要高寿,你老是金胡子了。"

天空的云,从西边一直烧到东边,红堂堂的,好像是天着了火。

这地方的火烧云变化极多,一会红堂堂的了,一会金洞洞的了,一会半紫半黄的,一会半灰半百合色。葡萄灰,大黄梨,紫茄子,这些颜色天空上边都有。还有些说也说不出来的,见也未曾见过的,诸多种的颜色。

五秒钟之内,天空里有一匹马,马头向南,马尾向西,那马是跪着的,像是在等着有人骑到它的背上,它才站起来。再过一秒钟,没有什么变化,再过两三秒钟,那匹马加大了,马腿也伸开了,马脖子也长了,但是一条马尾巴却不见了。

看的人,正在找寻马尾巴的时候,那马就变靡了。㉙

像《生死场》一样,《呼兰河传》书中也没有主角或中心人物;正如茅盾所指出,这一事实,即为非难此书的人用以指责它为非小说的例证。该书共分七章(一共十四万多字),虽每章皆各自成单元,叙述一个故事,或描写一景色,但全书皆发生在同一地点——呼兰河,在同一时代,由一个小孩叙述着所回述的故事。萧红非常巧妙地将每章情节调配得抑扬顿挫，高低有序，时而有令人伤心不已的悲剧章节，瞬时又出现轻松的幽默讽刺场面。

第一章是描写呼兰河这城镇的一般状况——它的四季更替、风光景色、民情风俗，以及老百姓们的生活态度、迷信缺点、痛苦及残酷的一面。这章不仅是篇研究大自然景色风物的佳构，而且也是对形成人们的生活方式和他们的社会制度的一种注释。第二章（每节都没有标题）叙述当地的大节日和庆会，以及那些庆会对人们的影响。其中有一段是描绘神秘的巫婆，以及她如何施行"跳神"的法术以妖惑民众；这段虽长但令人爱不释手。这章可以说是大部分谈鬼论怪而很少提到人，是个谈迷信和恐惧而不是谈人伦的故事。第三、四两章是记叙作者祖父和她小时所住过的四合院的往事；我们在前面几章中曾读到过不少。

第五章是一个年轻女孩被虐待、被误解的故事；她就是所谓"媒妁之言"婚姻制度下的受害者。萧红以非常明确的措辞，借着这个故事以表明她伸张女权的态度。第六章，部分是根据她的短篇《家族以外的人》而写。这章是描述萧红的一个不寻常的亲戚有二伯的故事。虽然有二伯是读者取乐的对象，但看完故事后人们总免不了要可怜而同情他。他就像很多在萧红笔下出现的可怜的女性一样，是一个不仁社会中的产物。这个身无分文、了无乐趣、无子无嗣的形象，在读者心目中留下了无法磨灭的印象。书中最后一章是描写萧红的一个"穷而诚实"的邻居——磨匠冯歪嘴子（也就是短篇《后花园》的主要角色）。

这七章每章只要稍加润色，即可自成单元，各成一独立故事，但合起来这七章感人的效果却有增无减。这七章总体而言，在技巧手法上都胜过单一存在。因为此书将呼兰这城镇，也可以说将20世纪早期中国东北的农村社会，置于显微镜下来端详。此书不但让我们大开眼界，而且感人至深。

我们早已提到过萧红轻而易举、不费吹灰之力回述往事的才华，尤其在《呼兰河传》中更比比皆是。例如描述呼兰县人如何重视为死人"烧纸钱"（烧纸做的房子、动物、人等等）的事。当读者想到那些扎彩匠自己住在如地狱般的肮脏小屋里，竟然全心全力毕其一生为死人去做那些生动美丽而又样样齐全的纸制品时，心中对生者为死人买这些东西所承担的负担及这种无聊的举动，免不了会产生一种无以名状的空虚感。萧红在此书中，处处强烈地攻击农人们的那种被虐待狂式的反对任何改善他们生活之举的态度。就像萧红本人一样，这些农人们是他们自己最大的敌人。书中"团圆媳妇"这段可说是萧红对此类事件最严厉的抨击。她在此章中痛责人们将农夫的勇敢、自信、纯朴、健康的优良性格当作自大和傲慢，因而产生不该有的错误态度；她也将女性的困境呈现在读者眼前，偶尔也会为伸张女权而发出刺耳的呼声，但通常她会将伸张女权的主张穿上一层非常刻薄讽刺的外衣：

>年青的女子，莫名其妙的，不知道自己为什么要有这样的命（指腹为婚），于是往往演出悲剧来，跳井的跳井，上吊的上吊。
>
>古语说：女子上不了战场。
>
>其实不对的，这井多么深，平白的你问一个男子，问他这井敢跳不敢跳，怕他也不敢的。而一个年青的女子竟敢了，上战场不一定死，也许回来闹个一官半职的。可是跳井就很难不死，一跳就多半跳死了。
>
>那么节妇坊上为什么没写着赞美女子跳井跳得勇敢的赞词？那是修节妇坊的人故意给删去的。因为修节妇坊的，多半是男人。他家里也有一个女人。他怕是写上了，将来他打他女人的时候，他的女人也去跳井。女人一跳下井，留下来一大群孩子可怎么办？于是一律不写。只写"温文尔雅，孝顺公婆……"[30]

在《呼兰河传》中有一长串的词可用以形容农人的性格——残酷、极端好奇、纯朴、心眼好、畏首畏尾、多灾多难、受折受磨等等，而书中有很多显明的章节来支持上述的种种观点。但在这一系列对农人性格的描绘中,"固步自封"和"目光短浅"却应列为榜首。这种对"守旧"和"短视"的描述首先以既富戏剧性,又兼写景叙情的长篇大论出现在小说头几章,此后又在全书中一而再,再而三地以更引人的"新姿态"出现。

下面要介绍呼兰县城中,大家议论纷纷,视为危险的"大泥坑"。这段全文太长而不能在此全引,但它却足以显示出农人们无力或不愿从问题根本着手以改进他们的生活。虽然这泥坑坐落于城中交通孔道,常常淹死骡马和当地的小孩,可是年复一年,人们总是议论纷纷,口中说说就算了,始终没人采取任何有效对策。以下这段记述一匹马险而丧生于泥坑中,情节非常鲜明生动。马的困境及邻人们急公好义的救马精神成了萧红作品中令人难忘的篇章。好奇的旁观者及胆小可笑的乡绅,加上那些掉过泥坑者和见义勇为者都深知该泥坑为害之大,却没人想过如何去掉这坑而一劳永逸。相反,他们只感到一时的骄傲和满足于他们每一次的安全通过和营救成功,这一刹那的愉快马上就让他们忘了先前所发生的惊险的一幕:

挣扎了五六分钟之后,总算是过去了,弄得满头流汗,满身发烧,那都不说。再说那后来的人,依法炮制,那花样也不多,也只是东抓抓,西摸摸。弄了五六分钟之后,又过去了。

一过去了可就精神饱满,哈哈大笑着,回头向那后来的人,向那正在艰苦阶段上奋斗着的人说:"这算什么,一辈子不走几回险路那不算英雄。"㉛

难道就从来没人想过如何去挽救这泥坑所造成的危险吗?当然有:

有一次一个老绅士在泥坑涨水时掉在里边了。一爬出来,他就说:

"这街道太窄了,去了这水泡子连走路的地方都没有了。这两边的院子,怎么不把院墙拆了让出一块来?"

他正说着,板墙里边,就是那院中的老太太搭了言。她说院墙是拆不得的,她说最好种树,若是沿着墙根种上一排树,下起雨来人就可以攀着树过去了。

说拆墙的有,说种树的有,若说用土把泥坑来填平的,一个人也没有。㉜

就像她自己其他成功的作品一样,萧红的《呼兰河传》所包含的题材、细腻的笔法,以及对平凡的日常生活细节的强调,都非常出色。但我们如将上述优点断章取义,就有欠公允了。它们辉煌的成就仅是整体的一面,其中每一部分都对全书有所贡献，同时对全书中所呈现的沉郁气氛也难辞其咎。萧红对故事中明显的悲观口吻不是没设法有所调剂：虽然在她笔下的农人们整体而言是有着保守的劣根性——愚昧无知，但另一方面萧红还是一一仔细地叙述他们与生俱来的善良秉性、勇敢及可塑性。例如她叙述书中有一个人即使面对悲惨绝境仍能不顾他同侪的冷眼而继续生存下去。该书中最后一章冯歪嘴子的故事，就是叙述那个可怜的人。冯歪嘴子是个质朴而勇敢的推磨匠，因为与众不同的生活方式和言行，受尽了人们的冷嘲热讽。他的短暂而幸福的婚姻使邻人们既羡且妒。后其爱妻因生老二难产去世，给予那些邻人幸灾乐祸的机会。而冯歪嘴子拒受那些人的激怒恐吓，终以坚毅的精神克服困难。此故事是该书黑暗中的一线光明。

《呼兰河传》是中国文坛上一部非常独特的小说，但在萧红作品中，该书却仅是她那"注册商标"——个人"回忆式"文体的巅峰之作。想在该书中找寻积极性人物的读者是注定要大失所望的。茅盾在该书序言中论书中人物时曾说："磨倌冯歪嘴子是他们中间生命力最强的一个——强得使人不禁想赞美他。然而在冯歪嘴子身上也找不出什么特别的东西，除了生命力特别顽强，而这是原始性的顽强。"[33]他所说的大体上是有理的。但在他政治的"马眼罩"蒙蔽下，他却无法替冯歪嘴子说句公道话，也没机会好好研究一下像有二伯等与众不同的人物（其实小说中的人物并不一定要如茅盾所说那样，非积极性人物不能引人入胜）。我们仔细分析的结果：这小说是整个呼兰河县城的写照，呼兰县城才是全书的主角。

总之，笔者认为《呼兰河传》是萧红的代表作。文评家们在时空上距战时的中国越远就越认为该书是写作技巧上最成功之作。这一看法，即为此书不朽的最有力例证。[34]

四、1941—1942年：萧红在日军占领香港时的病危与去世

1941年春，史沫特莱（Agnes Smedley）前往探望四年未见的萧红，史对萧红羸弱的身躯及简陋的斗室惊恐不已。[35]她立刻把萧红带到她自己的住处同住并劝萧红离港。[36]当时在港的茅盾曾记述她去世前数月之事如下：

> 4月，因为史沫特莱女士的劝说，萧红想到星加坡去……萧红又鼓励我们夫妇俩也去。那时我因为工作关系不能也不想离开香港，我以为萧红怕陷落在香港（万一发生战争的话），我还多方为之解释，可是我不知道她之所以想离开香港因为她在香港生活是寂寞的，心境是寂寞的，她是希望由于离开香港而解脱那可怕的寂寞。[37]

虽然上文中没说得太清楚，可是从字里行间，仍可看出萧红曾向茅盾求助，而茅盾无能为力。数年来在饥饿边缘挣扎，加上战争和情感上一再受打击，使萧红付下了无法补偿的代价。那时，她那多病之身又染上肺病。这个一再以身许给自私而又麻木不仁的男人的年轻女子，又像以往被许广平、丁玲、绿川英子、池田幸子诸女士从困苦中救出一样，又被一名女士施以援手。史沫特莱将她送入香港玛丽医院，并且不断地供应她衣服、金钱。[38]萧红本想借史的好心只要看门诊、打针、吃药就可，但自此她即病入膏肓。

在医院里，萧红身心开始都略有转机，来探望的人有茅盾、巴人、骆宾基、杨刚等。[39]可是不久就又变坏了。先是受了寒，接着其他病都发了。这次比以往更严重，她急需人关注，但因她穷困，真正关心她的人并不多。此种贫病交加无人理会的情况正如她十年前在哈尔滨时的一次重演。她自己也显然有此感觉。[40]此时的她已到了山穷水尽的地步，朋友避不见面，医院人员对她冷漠。萧红已不能再忍受在医院中这种遭冷落的日子，她联络上端木蕻良，请他设法向院方交涉让她出院。端木与周鲸文到医院看她后劝她继续留医，此时她真是走投无路，后来她想自己离院，但为院方所拒。周鲸文答应代付六个月住院费用。她最后终于找到了一个愿代她出面向院方交涉的朋友，即东北救亡协会的香港主持人于毅夫先生。在他的协助下，萧红离院返家，那时已值夏秋之交。虽然她已返家，但虚弱的她寸步难行，多半时间躺在床上。她养病期间交上了两个非常重要的新朋友——诗人柳亚子[41]，他是去看端木时结识萧红的[42]；另一东北作家骆宾基[43]，骆就是后来为萧红写传的作者。骆是从桂林来港谋事的，他先找茅盾帮忙没成，后来找到端木才谋得一席之地。[44]

1941年对萧红而言是她一生最痛苦、最潦倒的一年。不过在写作方面，她竟发表了不少的作品。她的《马伯乐》续篇于当年2月至10月在《时代批评》上连载发表了[45]，还有两个短篇同样于该年发表于香港刊物上——《北中国》及《小城三月》。除此而外，她的几篇散文，如《给流亡异地的东北同胞书》[46]和《"九一八"致弟弟书》[47]也出现在香港、桂林的报刊上。

《北中国》（发表于当年4月[48]）是一篇典型的"萧红风"作品。小说的背景是战前战后的东北某一乡村，故事的发展最大的转变是海外侵略者的到来；这点与《生死场》《马伯乐》等著作是相同的。《北中国》又与萧红在重庆时所写的《旷野的呼喊》一文有共同之处：两篇的主要人物是一家三口——老夫妇和他们的独生子，而主题是儿子离家参加抗日活动对他父母在精神上的影响。两篇中的父亲，《旷野的呼喊》里农人阶级的陈公公和《北中国》里地主阶级的耿大先生，因儿子从军的事被弄到快急疯了的地步；母亲呢？两篇小说中的老女人也一样地非常迷信，心里充满了对孩子的爱，而显得很弱。

《北中国》和《旷野的呼喊》虽与抗战有关系，但主题不在于此，而在于战线后方守家老人情感上的改变，神经上的日渐衰落。两篇中，《北中国》之所以强于《旷野的呼喊》，第一是耿家树林正被伐掉的大树和耿家生活上的转变是个很有文艺效果的对比，富于象征性；第二是对耿大先生神经衰败过程的描写极能挑动读者的心弦。与萧红在港所写的其他作品一样，《北中国》的题材和笔调很清楚地显示着萧红当时一种很强烈地怀念家乡的情调。

《小城三月》是一篇极为文评家所称颂的小说[49]，它叙述一个年轻女孩的故事，这女孩是故事叙述者的亲戚（叙述者也许就是萧红自己），她爱上了一个年轻男孩，但她却被许配给另一个人。那是个很柔顺、诚恳、有自制力而又聪慧的女孩。她宁愿自己心碎而死也不愿反抗传统。虽然这作品并非萧红扛鼎之作，但其中仍有些动人心弦的章节，以及一些如诗如画的写景。

1941年2月1日的《时代批评》开始刊登萧红的《马伯乐》，连载了十个月；11月间刊出的那部分，文后说明"第九章完，全文未完"。第一章的头一句为：

马伯乐来到了梵王渡车站，他真是满心快活……[50]

由以上的简介，可看出三点：

一、《时代批评》所发表的《马伯乐》虽于文题上全无"续篇""第二部"之类的文字，但因第一部（即1940年出过单行本的那部）的最后一句是：

三天以后，他们就收拾了东西，离上海了。[51]

而梵王渡车站是上海重要的车站，我们可以确定此文便为《马伯乐》第一部的续文。

二、萧红原来有意思将《马伯乐》写成"三部曲"（或更长）一类的小说；这是"全文未完"所证实的。有人认为她确实写了第三部[52]，但此看法不合事实。萧红新结识的朋友曾云：

在11月中，有一次，因为她早先健康时写就的《马伯乐》的一部分积稿，发表到第九章（这时马伯乐已再流徙至华中了）时，已发表完了，看来这故事的发展还很长邈。我于是又到玛丽医院去探候她，并告诉她《马伯乐》的积稿已刊完了，续稿怎么办，这一问，她怔住了说：

"大顿，这我可不能写了，你就在刊物上说我有病，算完了吧。我很可惜，还没有把那忧伤的马伯乐，提出一个光明的交代。"[53]

三、因为目前所发现的作品中，无一篇晚于1941年11月，我们可以断定《马伯乐》第九章是萧红最后发表的文字。

《马伯乐》第二部的叙述开始于上海的梵王渡车站，完毕于主人公马伯乐准备离开汉口逃往重庆。此间包括有关马伯乐本人和他全家五口的一些"奇遇"：上火车、过淞江、停留南京等种种冒险和困难；马伯乐在汉口奇特的生活方式，为将来的计划和"逃难至上主义"思想的连续发展；他在汉口的恋爱、失恋史；以及他对抗战活动的看法。

总括来看，《马伯乐》第二部，在文笔上、情节上、中心思想上，与第一部大同小异；它确是后者的续篇，但显然略有进步（如已经没有第一部里的那种"流于低级闹剧而变得令人讨厌"的毛病）。就像一位书评者说的：

《马伯乐》下部，虽然从故事情节到人物性格都是上部的继续和发展，然而，我以为无论是思想上或艺术上，下部较之上部有新的进展。作者在下部把马伯乐放在逃难的动荡环境里描写，在矛盾冲突中刻画人物性格，而不像上部那样偏重于静态地描写，缺乏情节的发展，这就使得马伯乐的形象更加鲜明了，并且把他的本

质特征充分地显露出来了。就是说，到了下部，作者才算完成了马伯乐这个典型环境中的典型性格的塑造。㊴

萧红本来打算于1941年另写一篇长篇小说：

> 内容是写我的一个同学，因为追求革命，而把恋爱牺牲了。那对方的男子，本也是革命者，就因为彼此都对革命起着过高的热情的浪潮，而彼此又都把握不了那革命，所以那悲剧在一开头就已经注定的了。但是一看起来他们在精神上是无时不在幸福之中。但是那种幸福就像薄纱一样，轻轻的就被风吹走了。结果是一个东，一个西，不通音信，男婚女嫁。在那默默的一年一月的时间中，有的时候，某一方面听到了传闻，那哀感是仍会升起来的，不过不怎具体吧了，就像听到了海上的难船的呼救似的，辽远，空阔，似有似无。同时那种惊惧的感情，我要把它写出来。假若人的心上可以放一块砖头的话，那么这块砖头再过十年去翻动他，那滋味就绝不相同于去翻动一块放在墙角的砖头。㊵

只可惜，这长篇没能写，萧红的文学生涯就即将终止；除了以上所介绍的作品外，她只发表了两篇散文，都是"九一八"

十周年纪念前夕写成,也都是"公开书信"式的文字。

《给流亡异地的东北同胞书》是1941年9月1日发表的,它是一篇充满爱国爱乡意味的短文。文中把已被占领十年的东北大地之美呈现于读者眼前,而最后为同胞如此呐喊:

> 东北流亡同胞,为了失去的地面上的大豆、高粱,努力吧!为了失去的土地的年老的母亲,努力吧!为了失去的地面上的痛心的一切的记忆,努力吧![56]

《"九一八"致弟弟书》是于同月26日在桂林发表的。这不但是萧红最后发表的一篇单独的文章,也很可能是她一生最后完稿的作品。该文充满了一种姐姐气,谈的是作者与她亲生弟弟的那种"你东奔,我西跑,但我时时都留心于你"的事情。虽然这篇里也谈到抗战("这一群快乐的小战士,胜利一定属于你们的,你们也拿枪,你们也担水,中国有你们,中国是不会亡的"),不过它最大的意义是显露出作者当时的怀旧和忧闷的心情。

1941年12月8日,日军开始攻打香港,那天上午九点柳亚子在战火中赶到萧红住的房子。端木和骆宾基此时都在萧红身旁。由于两年前在重庆被炸的惨痛经历,那时她已被头顶上隆隆的机声吓坏了。据骆宾基说,她当时最怕的是被人丢下不理。她身染重疾，四周战火连连，流血遍地，加上她已自觉无望完成写作事业，便不由得感到失望、愤怒及悔恨：

> 和萧军的离开是一个问题的结束，和T（端木蕻良）又是另一个问题的开始。（中略）
>
> 我早就该和T分开了，可是那时候我还不想回到家里去，现在我要在我父亲面前投降了，惨败了，丢盔曳甲的了。因为我的身体倒下来了，想不到我会有今天！（中略）
>
> T是准备和他们突围的。他从今天起，就不来了，他已经和我说了告别的话。我不是已经说得很清楚么？我要回到伪满（或"家乡"）去，你（骆宾基）的责任是送我到上海，（中略）有一天我还会健健康康的出来。我还有《呼兰河传》的第二部要写……[57]

1941年圣诞节，香港陷入日军之手，萧红在沦陷前两日旧病复发，再度入院。[58]次年1月13日，因医生怀疑萧红患喉瘤，所以她在跑马地养和医院开刀，事后证明她实无此症。开刀后萧红已知她复原无望，因此她除了听天由命外，也偶尔发发无可奈何的"愤怒"：

199

"我本来还想写些东西，可是我知道，我就要离开你们了，留着那半部《红楼》[59]给别人写去了……你们难过什么呢？人，谁有不死的呢？总要有死的那一天，你们能活到八十岁吗？生活的这样，身体又这样虚，死，算什么呢？我很坦然的。"

又慰C君（骆宾基）说："不要哭，你要好好的生活……我也是舍不得离开你们呀！"

萧红的眼睛湿润了，她又低声说："这样死，我不甘心……"[60]

同月18日中午，在端木和骆宾基陪伴下，萧红由救护车从跑马地养和医院转入玛丽医院。同日下午两点，医生又开刀换她喉中气管，她此时已不能言语，只好以纸笔与总共只认识她四十四天而昼夜陪她的骆宾基笔谈。即使到了那个时候，萧红仍尽量安慰她那些忧心忡忡的朋友。她不惜伪装大吃大喝以证明她胃口好，有了转机。到了21日晨，她喉部伤口周围发炎，但此时已无人可救她了；医院中所有外籍医生都被拘留在日军集中营里，其他医生和修女不是逃走就是被抓。当晚骆宾基留下端木在医院陪她，他自己回到九龙，次日凌晨，他抱了一大包食品来到医院时，却看到医院门口站着日军哨兵，门上挂着"大日本陆军战地医院"的牌子，院中所有病人都被迁走了。九点钟端木来陪同骆到红十字会设在学校中的临时医院，并告诉骆说萧红早晨六时左右就昏迷不醒了。

1942年1月22日11点，萧红终以喉瘤炎、肺病及虚弱等症逝世。她死时年仅三十（虚岁三十一）。她的英年早逝使中国文坛痛失良才，实属不幸。但她在逃离日寇蹂躏下的东北九年后，仍死于日军占领下的香港，可看出造物者弄人之甚。

五、后记

1月24日，萧红遗体在跑马地后面的日本火葬场火化，次日她的骨灰葬于浅水湾畔的丽都花园附近。㉖在由乱石围成的墓中，有一块木牌上书"萧红之墓"。此四字是端木手笔。㉗

萧红之死对她的朋友以至整个文艺界影响之大，除五年前鲁迅的过世外，可说无人可比。她在内地的朋友经人口传，才慢慢得知她的死讯。直到4月初消息才传到延安，4月8日，当地《解放日报》才发表此事㉘，5月1日由丁玲在延安主持了一个追悼会，萧红的朋友大部分都出席了：萧军、舒群、罗烽、白朗等五十余人参与追悼；其中，萧军、舒群及其他数位都先后列席致悼词。㉙此外，在重庆也有追悼会。㉚在桂林也曾有计划开追悼会，但因发现有人想利用此会而作罢。㉛

葬了萧红之后，骆宾基和端木蕻良离港路过澳门前往桂林，投靠孙陵。后来因二人行为不检点，孙陵不得不下逐客令。其中主要因素是骆与端木打架（骆占上风），在他俩比过武后，骆拿出一封萧红致端木痛骂他的信，然后又拿出她临终前笔谈所写的"我恨端木"的小纸条。[67]最后骆宾基还透露一件更令人吃惊的消息：原来，骆获得了萧红的爱，答应等她康复之后共结秦晋之好。

据孙陵的回忆，骆宾基于萧红未死之前记下有关她作品版权的遗嘱：即《商市街》给她弟弟，《生死场》给萧军，《呼兰河传》给骆自己，端木一无所得。端木与骆至桂林上海杂志公司分公司理论，骆胜诉。[68]骆宾基事后虽然否定孙陵的回忆，说他和端木的冲突与版权无关[69]，但这种情况可证实萧红一生所遭受的不幸却是屡受男性的欺凌所致。她临终前所说"我一生最大的痛苦和不幸却是因为我是个女人"[70]真是一言中的。

注释

①《立报》1940年1月30日第1版，《言林》所载"文化情报"条。这项资料及其他许多有关萧红在香港的事都根据卢玮銮：《1940年萧红在香港》，《明报月刊》1979年第167期，第69—70页。

②刘以鬯：《周鲸文先生谈端木蕻良》，《端木蕻良论》，香港世界出版社1977年版，第112页。

③肖凤：《萧红传》，百花文艺出版社1980年版，第110页。据端木蕻良于1941年3月14日给"岗兄"的信（原信一共九封，萧红的

六封，端木的三封——目前存于端木处，笔者存有副本）说，他和萧红在2月间搬进乐道八号二楼；但萧红于1940年7月7日给"园兄"（注："园兄"和上文"岗兄"，均系华岗。他曾用"华西园"笔名公开著文）的信中说，联络处便是乐道八号二楼。此处为时代书店（非肖凤所说大时代书店——见端木信）所在地，因而他俩在港的头一年大概住了别的地方，而通讯处仍用书店地址。

④白朗：《遥祭》，《文艺月报》1942年，第8页。这或许跟她健康状况有关；她在1940年7月24日给"西园先生"的信中说："我来到了香港，身体不大好，不知为什么，写几天文章，就要病几天。"（见注③）

⑤梅林：《忆萧红》，王观泉编《怀念萧红》，黑龙江人民出版社1981年版，第69页。萧红又在1940年6月24日的信中说："我们虽然住在香港，香港是比重庆舒服得多，房子吃的都不坏，但是天天想回重庆，（中略）香港的朋友不多，生活又贵。所好的是文章到底写出来了，又为了写文章还打算再住一个期间。"（见注③）端木同年7月9日给"园兄"的信中说他有意去昆明，但他终于去不得。

⑥刘以鬯：《周鲸文先生谈端木蕻良》，《端木蕻良论》，香港世界出版社1977年版，第115页。

⑦周鲸文当时自己编了香港的《时代批评》；刘以鬯：《周鲸文先生谈端木蕻良》，《端木蕻良论》，香港世界出版社1977年版，第110页。

⑧《端木蕻良论》，香港世界出版社1977年版，第112页。

⑨冯亦代：《哑剧的试演——〈民族魂——鲁迅〉》，原刊于《大公报》1940年8月11日第2张第8版，后转载于《东北现代文学史料》1982年第4辑，第59页。

⑩冯亦代：《哑剧的试演——〈民族魂——鲁迅〉》，原刊于《大公报》1940年8月11日第2张第8版，后转载于《东北现代文学史料》1982年第4辑，第59页。

⑪卢玮銮：《1940年萧红在香港》，第70页。全文又重载于《明报月刊》1979年第167期，第71—77页；及《东北现代文学史料》1982年第4辑，第50—58页。端木曾（1981年）对笔者表示该剧本是他写的，萧红后来做了修改。

⑫萧红：《民族魂——鲁迅》，见《附录》，《大公报》（香港）1940年10月21日—31日。

⑬卢玮銮：《1940年萧红在香港》，《明报月刊》1979年第167期，第70页。

⑭卢玮銮：《1940年萧红在香港》，《明报月刊》1979年第167期，第69—70页。该文发表于《大公报》的《文艺》及《学生界》版，自1940年4月10日开始，分十二天连载，到4月25日刊完。

⑮照端木蕻良的回忆，"马伯乐"这个名字是他为萧红取的。萧红本来的意思是以女性为小说的主人翁；端木向她说"作家创造人物一定要有典型，人物才能不朽"之时，萧红便回答："那我创造谁

呢？我创造我自己好了。"（1981年笔者访问记录）

⑯从20世纪40年代一直到80年代前夕，笔者听见有关《马伯乐》的专题文只限于一篇：阮郎的《马伯乐往何处去？》，《文汇报》1957年8月3日。

⑰石怀池：《论萧红》，上海耕耘出版社1945年版，第101页。

⑱我们在此应提到湖南作家张天翼（1906—1985）；他的短篇小说也有滑稽讽刺成分。叶绍钧（圣陶）的一些作品，像《遗腹子》，也有同样的风格；《潘先生在难中》里的主人翁在某些方面也与马伯乐极为接近。

⑲他本名是保罗（Paul），因不愿用基督圣徒的名字，所以改用伯乐。

⑳萧红：《马伯乐》，香港创作书社1975年版，第3页；黑龙江人民出版社1981年版，第5页。

㉑萧红：《马伯乐》，香港创作书社1975年版，第31（黑龙江人民出版社版，35—36）页。

㉒萧红：《马伯乐》，香港创作书社1975年版，第33（黑龙江人民出版社版，37）页。

㉓为了保持基督教义，他所有的孩子都用圣徒名，例如约翰、大韦、雅各（他唯一的女儿）。

㉔萧红：《马伯乐》，香港创作书社1975年版，第113—114（黑龙江人民出版社版，125—126）页。

㉕萧红:《马伯乐》,香港创作书社1975年版,第77(黑龙江人民出版社版,86)页。

㉖茅盾:《〈呼兰河传〉序》,《茅盾文集》,人民文学出版社1961年版,第10卷,第89—98页。《呼兰河传》起初是在香港的《星岛日报》连载发表的(见《周鲸文先生谈端木蕻良》,《端木蕻良论》,香港世界出版社1977年版,第112页);1941年由桂林上海杂志图书公司出单行本。1942年以后有桂林松竹社的再版,桂林河山出版社和上海及桂林的寰星书店等版本(1947年,茅盾的序大概是为后者而写)。这些版本的确实情况是:

萧红的长篇小说《呼兰河传》,最初是1941年12月出版,但真正出书却延到1942年4月。这一本书,印刷粗陋,错误极多,又碰上香港沦陷,作者已经去世,所以销售情形不好,也没有人过问,几乎就此消失。目前找不到最早的版本,而据以研究的是1947年的上海寰星版。不过由现在附录的这篇文章(麦青:《萧红的〈呼兰河传〉》)原刊于1942年10月的《青年文艺》,可以看出寰星版是在萧红逝后改过了的,只是改得并不好(见周锦:《论〈呼兰河传〉》,台湾成文出版社1980年版,第169页)。

据蒋锡金说,萧红于1937年12月,住在他武昌住处时,曾已设想写她的《呼兰河传》,甚至已写了头几章的初稿。见锡金:《萧红和她的〈呼兰河传〉》,《长春》1979年5月,第26页。

1954年上海新文艺出版社出了新版,是根据寰星版而出,6月中再版4次。1958和1966年香港新艺出版社照相复印出版,以茅盾的《序》为开头。1979年12月黑龙江人民出版社出了简体字版,该版包括茅盾的《序》和骆宾基的《后记》。本书引文即据1966年香港版和1979年黑龙江版,后者页数加进()内。

㉗茅盾:《〈呼兰河传〉序》,第32(9—10)页。

㉘石怀池:《论萧红》,上海耕耘出版社1945年版,第101—103页;复旦大学中文系:《中国现代文学史(1919—1942)》,上海文艺出版社1958年版,第496页。20世纪80年代以来,尤其是萧红诞辰七十周年以后,中国内地的评论家的看法与过去截然不同。

㉙萧红:《呼兰河传》,第34—36(31)页。

㉚萧红:《呼兰河传》,第57(51)页。

㉛萧红:《呼兰河传》,第10—11(10)页。

㉜萧红:《呼兰河传》,第16(12)页。

㉝茅盾:《〈呼兰河传〉序》,第32(9)页。

㉞周锦如此总结《呼兰河传》具有的特质(《论〈呼兰河传〉》,第42页):

有童话的美善;

有社会诗的辛酸;

有叙事诗的明朗;

有散文的轻快;

有民间歌谣的凄婉亲切;

有乡土文学的多彩多姿。

㉟骆宾基:《萧红小传》,黑龙江人民出版社1981年版,第93页。

㊱[美]史沫特莱(Agnes Smedley):《中国圣战之歌》(*Battle Hymn of Chian*,New York,1943),第524页。

㊲茅盾:《〈呼兰河传〉序》,第27—28(4—5)页。

㊳[美]史沫特莱(Agnes Smedley):《中国圣战之歌》(*Battle Hymn of China*,New York,1943),第524页;骆宾基:《萧红小传》,黑龙江人民出版社1981年版,第93页。史沫特莱回国时带了萧红的一个短篇小说《马房之夜》(原载于孟十还在上海编的《作家》月刊1936年第1卷第2号,第475—484页);当年的9月,该篇的英译版发表于斯诺夫人海伦·福斯特(Helen Foster Snow)主编的《亚细亚》月刊,第487—489页。史沫特莱寄给萧红的两百港币稿酬,因战争爆发,萧红并未收到。史女士又带了一本《生死场》回国给在美国政坛很活跃的小说家辛克莱;他此后将他的一篇作品和一封信寄给萧红表示谢意——后者在《时代文学》影印发表了。见赵凤翔:《萧红与美国作家》,《华侨日报》(美国)1980年1月24日,第6版;[美]葛浩文:《〈萧红与美国作家〉补遗》,《华侨日报》1980年2月11日,第7版。

㊴袁大顿:《怀萧红》,王观泉编《怀念萧红》,黑龙江人民出版社1981年版,第79页。

㊵萧红记起从前在哈尔滨住院萧军对她的照顾时,向骆宾基说:

"当时我想到萧军,若是萧军在四川,我打一个电报给他,请他接我去,他一定会来接我的。"(见骆宾基:《萧红小传》,黑龙江人民出版社1981年版,第96页)

㊶柳亚子(1887—1958),江苏人,是著名诗人,曾组织及参加很多诗社,与毛泽东有私交,为人民政协委员。其女,无垢,当时在香港,她也认识萧红。

㊷柳亚子:《记萧红女士》,《怀旧集》,上海耕耘出版社1946年版,第45—46页;又收入王观泉编:《怀念萧红》,黑龙江人民出版社1981年版,第23—24页。

㊸骆宾基,原名张璞君,生于吉林省珲春县城内一个经营茶庄的商人家庭。见《骆宾基自传》,收入《中国现代作家传略》(1981,香港),第548—555页。

㊹孙陵:《骆宾基》,《文坛交游录》,高雄大业书店1955年版,第10页。

㊺黑龙江人民出版社于1981年9月出了新版的《马伯乐》,包括第一、二两部。第一部约十万字,第二部约九万字。

㊻原载于《时代文学》1941年第1卷第4期,后收入王观泉编:《怀念萧红》,黑龙江人民出版社1981年版,第142—144页。又见狄:《萧红的最后一篇文章》,《文学评论丛刊》1979年第4辑,第305页。这篇绝不是萧红"最后一篇";见注㊼。

㊼原载于桂林《大公报》1941年9月26日,第4版,见[美]葛

浩文:《萧红·绝笔?》,《七十年代》1983年1月,第86—88页。因为萧红这篇散文在国内尚未转载,故将之作为本书附录。

㊽在《星岛日报》的《星座》连载十七天。见卢玮銮:《萧红在香港发表的文章——〈萧红已出版著作目次年表〉补遗》,香港《抖擞》双月刊1980年第40期,第45页。

㊾原载于《时代文学》1941年第2期中。1961年由香港上海书局印行的萧红文集中(包括《手》《桥》《牛车上》《朦胧的期待》《小城三月》)也以此为集名。1947年版的《呼兰河传》的作者简介中(骆宾基作)说《小城三月》是萧红卧病时用两个晚上完成的。

㊿萧红:《马伯乐》,黑龙江人民出版社1981年版,第167页。

㉛萧红:《马伯乐》,黑龙江人民出版社1981年版,第163页;香港创作书社1975年版,第148页。

㉜骆宾基:《写在〈萧红选集〉(香港版)出版之时》,《长春》1980年7月,第58页。作者指出萧红死后,端木蕻良"失掉(也或毁掉)"萧红生前交给他的"《马伯乐》的第三部手稿了!"但端木本人于1981年向笔者说该稿(是失掉而不是毁掉)已出过单行本,也就是第一部的原稿。第二部则于香港"边写边发的,因此是不会有第三部的"。

㉝袁大顿:《怀萧红》,王观泉编《怀念萧红》,黑龙江人民出版社1981年版,第78页。

㉞沈昆朋:《略谈萧红的〈马伯乐〉下部》,《东北现代文学史料》

1982年第4辑，第72页。

(55)萧红于1940年7月28日给“园兄”的信（见注③）。

(56)王观泉编：《怀念萧红》，黑龙江人民出版社1981年版，第144页。

(57)骆宾基：《萧红小传》，黑龙江人民出版社1981年版，第99页。

(58)有关此时期的种种事情，各人有各人的说法。说得最详细的是骆宾基：《太平洋战争爆发之后——“我的回忆”》，《北方文学》1981年6月，第33—41页。笔者则以早期发表的《萧红小传》，黑龙江人民出版社1981年版，第31—34页，作为主要资料。

(59)这“红楼”或许是她所计划写的长篇（见注(54)），如今无法得知。

(60)骆宾基：《萧红小传》，黑龙江人民出版社1981年版，第101页。

(61)骆宾基：《萧红小传》，黑龙江人民出版社1981年版，第104页。

(62)叶灵凤：《寂寞滩头十五年》，《文艺世纪》1957年9月1日，第20—21页。

(63)《萧红病逝》，《解放日报》1942年4月8日，第2版。

(64)《延安文艺界追悼女作家萧红》，《解放日报》1942年5月3日，第2版。

(65)孙陵：《萧军》，《文坛交游录》，第4页。据孙陵说，在此次追悼会中，萧红“友人”胡风曾批评萧红爱穿华丽服装；此种论调在追悼词中出现，实不寻常。

(66) 梅林 :《忆萧红》，王观泉编《怀念萧红》，黑龙江人民出版社1981年版，第69页。

(67) 此事曾在孙陵的《骆宾基》一文中（第8—9页）提到过；骆本人承认此事果然有之，见《写在〈萧红选集〉（香港版）出版之时》，《长春》1980年第7期，第59—61页。

(68) 孙陵 :《骆宾基》，《文坛文游录》，高雄大业书店1955年版，第9页。

(69) 骆宾基 :《写在〈萧红选集〉（香港版）出版之时》，《长春》1980年7月，第59—61页。

(70) 石怀池 :《论萧红》，《石怀池文学论文集》，上海耕耘出版社1945年版，第95页。

第七章 萧红及其文采

一、作品主题及其写作态度

萧红作品的主题,大体而言,可以分成两大类:(一)在非小说类的散文杂感中,她的作品主题大多是自传;(二)在小说类中,作品主题主要是描写农民。前类以《商市街》为代表,即便她那相当长的《回忆鲁迅先生》也是以自传体为主,她在文中写她自己的篇幅几乎和写她书中主角——鲁迅的分量不相上下。在萧红散文中,读者很难找到富哲理式的长篇大论,至于文学理论或宣传式的文章,她显然既无雅兴,也缺此学养。[①]此外,在她的作品中,也几乎看不出那些可帮助我们了解她创作动机、写作习惯和方法的痕迹(这偶然在她的书信、谈话记录中出现)。即使她本人可能也说不出那些使她产生灵感、创造体裁,以及受到影响的因素。一般而论,萧红是不太擅长散文和杂感的,所以她的此类创作并不多。当然《商市街》及《回忆鲁迅先生》是显然的例外。以写作技巧和文体清顺而论,她的其他散文杂记,很少可与这些作品一较长短的。

(一)农民角色

萧红主要是以小说创作在当代中国文坛留下盛名的。她的美誉仅建立在四部小说上,且其中有三部小说比当时一般所谓的小说要短些。她就以这些小说和屈指可数的一些短篇故事成了当时文坛描写中国东北农人生活的前卫作家之一。当然,萧红不是只写东北农人,她的《马伯乐》及《马伯乐》前身的那个短篇《逃难》,都是很不错的作品。而那些故事中的背景都是大城市,而其中的主角都是"城里人"而不是"乡下佬"。萧红作品中还有其他不同的主题及各式各样的人物,像《红的果园》中的日本教师,《黄河》中的船夫,以及《孩子的讲演》中那在革命学校中演说的小孩等。在萧红大部分成功的作品中,农人的故事还是极占分量;她对农民的态度是错综复杂的,是一种兼混着怜悯和憎恨的情感。她之所以为农人们仗义执言,主要是因为农人们一向受那些贪得无厌的地主们、城市中的市侩们、军阀的部队、列强侵略者,以及反复无常的大自然的无穷迫害。在萧红心目中,那些农人既可怜可悲,又勇武可爱。他们受尽虐待,但又极端顽强。他们并不聪明,因此他们往往是悲惨命运的保持人。

萧红不是共产主义者，因此她没有一般党员在党领导下可改变现状的信心。她认为只有农人自己才是改变他们生活现状的唯一希望。她一方面赞扬农人们与生俱来的无限潜力，也同时对他们那种泥古不化的保守作风予以申斥。在思想上，她既不属于社会主义，也不是马克思主义，而是个道道地地的人道主义和个人主义的信徒（这一点她与她的恩师鲁迅也不分上下），因此她对农人们那种愚昧无知的残酷和缺乏同情心大加谴责。因为农人们这种行为和态度使她痛心疾首，而她认为他们这样做等于自取灭亡。在《呼兰河传》中描写极端惨无人道虐待团圆媳妇的一段，可算是她作品中最强有力的控诉。一个无辜的生命，尤其是个女人，竟会遭到如此残酷的精神和肉体上的虐待，对萧红而言，简直是天地不仁，以万物为刍狗，毫无公理可言。像这类的题材，一再出现在她的作品中。

冯歪嘴子是在这种残酷虐待下的另一个牺牲品：他和他的同居妻子受到像团圆媳妇般的迫害，但冯歪嘴子却屹立不倒，他对那些虐待置之不理。此外，在萧红的故事中又揭露了农人的另一种弱点，她痛责那些有病态好奇心的旁观者，喜欢看执行死刑及其他不人道的人类暴行：

> 有的看了冯歪嘴子的炕上有一段绳头，于是就传说着冯歪嘴子要上吊。

这上吊的刺激，给人们的力量真是不小。女的戴上风帽，男的穿上毡靴，要来这里参观的，或是准备着来参观的人不知多少。

西院老杨家就有三十多口人，小孩不算在内，若算在内也有四十口了。就单说这三十多人若都来看上吊的冯歪嘴子，岂不把我家的那小草棚挤翻了吗？就说他家那些人中有的老的病的，不能够来，就说最低限度来上十个人吧。那么西院老杨家来十个，同院的老周家来三个——周三奶奶，周四婶子，周老婶子——外加周四婶子怀抱着一个孩子，周老婶子手里牵着个孩子——她们是有这样的习惯的——那么一共周家老少三辈总算五口了。

还有磨房里的漏粉匠，烧火的，跑街送货的，等等，一时也数不清是几多人，总之这全院好看热闹的人也不下二三十。还有前后街上的，一听了消息也少不了来了不少的。

上吊，为啥一个好好人，活着不愿意活，而愿意上吊呢？大家快去看看吧，其中必是趣味无穷，大家快去看看吧。

再说开开眼也是好的，反正也不是去看跑马戏的，又要花钱，又要买票。

所以呼兰河城里凡是一有跳井投河的，或是上吊的，那看热闹的人就特别多，我不知道中国别的地方是否这样，但在我的家乡确是这样的。

投了河的女人，被打捞上来了，也不赶快的埋，也不赶快的葬，摆在那里一两天，让大家围着观看。

跳了井的女人，从井里捞出来，也不赶快的埋，也不赶快的葬，好像国货展览会似的，热闹得车水马龙了。

其实那没有什么好看的，假若冯歪嘴子上吊，那岂不是看了很害怕吗？

有一些胆小的女人，看了投河的，跳井的，三天五夜的不能睡觉。但是下次，一有这样的冤魂，她仍旧是去看的，看了回来就觉得那恶劣的印象就在眼前，于是又是睡觉不安，吃饭也不香。但是不去看，是不行的，第三次仍旧去看，哪怕去看了之后，心里觉得恐怖，而后再买一匹黄钱纸，一扎线香到十字路口上去烧了，向着那东西南北的大道磕上三个头，同时嘴里说：

"邪魔野鬼可不要上我的身哪，我这里香纸的也都打发过你们了。"

有的谁家的姑娘，为了去看上吊的，回来吓死了。听说不但看上吊的，就是看跳井的，也有被吓死的。吓出一场病来，千医百治的治不好，后来死了。

但是人们还是愿意看，男人也许特别胆子大，不害怕。女人却都是胆小的多，都是乍着胆子看。

还有小孩，女人也把他们带来看，他们还没有长成为一个人，母亲就早把他们带来了，也许在这热闹的世界里，还是提早的演习着一点的好，免得将来对于跳井上吊太外行了。②

诸如此类的描写，时常出现在萧红叙述农家生活、农人态度和价值观念的章节中，她对农人时而怜悯时而讽刺，与19世纪法国多产作家乔治·桑（George Sand）及一些其他作家专门美化农村生活的态度大相径庭（因曾有人将萧红与乔治·桑相比③）。萧红对农人的看法是忠诚的，她认为农人每天与环境挣扎，辛勤工作以谋糊口，不仅是社会急需解决的问题，而且农村实况也是个非常值得报道的题材。

《生死场》出版后，萧红曾向朋友如此表示过她对她笔下农民的态度：

我开始也悲悯我的人物，他们都是自然的奴隶，一切主子的奴隶。但写来写去，我的感觉变了。我觉得我不配悲悯他们，恐怕他们倒应该悲悯我咧！悲悯只能从上到下，不能从下到上，也不能施之于同辈之间。我的人物比我高。④

虽然她小说里所表现的和她本人的话语偶尔不合（这点证实文学作品的独立性，一经写出后与作者某些方面已经脱离关系），但我们仍不妨断定，由于萧红发表了几部小说和几个短篇，她便成为20世纪初期最前卫而且最有成就的东北农民生活代言人。

（二）女权主义

笔者在本书中，曾多次提到萧红对男性大为不满的态度。事实上，女权主义在萧红的作品中，除《马伯乐》之外，是最常见的题材。在萧红个人生活方面，她本身就是个以女性为玩物的男性中心社会中的受害者。因此像这种女权主义的论调，在她的作品中屡见不鲜是不足为奇的。萧红的反男性态度在她的作品中，以下列两种姿态出现：一种是直接的、独特化的，常以大吼大叫来表现；另一种是比较间接而且非常有效的方法。在作品中，以哀怜的女性为主角，让读者自己一步一步领会到女性在以男性为中心的社会里所占的可怜卑下的地位。例如《牛车上》一文中的五云嫂，是她丈夫无能维持家庭生计下的受害者。《山下》中，那瘸腿女人和她的女儿被丈夫遗弃。在《桥》一书中，有几篇都是描写女人被欺侮的故事。此外在

《生死场》和《呼兰河传》两书中,也都有生动有力的章节,描述女性在男性手下受摧残的情形。最后《小城三月》中的女主角——翠姨,是被那剥夺女性选择幸福的权利的社会制度活活逼死的。因为怕读者忽略掉她书中女性主义的信息,萧红从她最早的作品到《呼兰河传》中都穿插了一些时而讽刺,时而愤恨,时而又动人心弦的对男性虐待女人的强烈反感。从下列《呼兰河传》摘文中所描述的城中两个大庙——老爷庙及娘娘庙的情况,可了解到她笔锋下的讽刺、愤恨及动人的三个方面:

> 塑泥像的人是男人,他把女人塑得很温顺,似乎对女人很尊敬。他把男人塑得很凶猛,似乎男性很不好。其实不对的,世界上的男人,无论多凶猛,眼睛冒火的似乎还未曾见过。就说西洋人吧,虽然与中国人的眼睛不同,但也不过是蓝瓦瓦的有点类似猫头的眼睛而已,居然间冒了火的也没有。眼睛会冒火的民族,目前的世界还未发现。那么塑泥像的人为什么把他塑成那个样子呢?那就是让你一见生畏,不但磕头,而且要心服。就是磕完头站起来再看着,也绝不会后悔,不会后悔这头是向一个平庸无奇的人白白磕了。至于塑像的人塑起女子来为什么要那么温顺,那就告诉人,温顺的就是老实的,老实就是好欺负的,告诉人快来欺负她们吧!

人若老实了，不但异类要来欺负，就是同类也不同情。

比方女子去拜过了娘娘庙，也不过问娘娘讨子讨孙。讨完了就出来了，其余的并没有什么尊敬的意思。觉得子孙娘娘也不过是个普通女子而已，只是她的孩子多了一些。

所以男人打老婆的时候便说：

"娘娘还得怕老爷打呢！何况你一个长舌妇！"

可见男人打女人是天理应该的，神鬼齐一。怪不得那娘娘庙里的娘娘特别温顺，原来是常常挨打的缘故。可见温顺也不是怎么优良的天性，而是被打的结果，甚或是招打的原由。⑤

上面这段引文中，显示了萧红好些观点不但睿智达理，而且辞意畅通。

在另一章节中，萧红以极尽讽刺的手法，揭露萧军的一个朋友嫖妓的故事。这是她作品中有关男人对女人的性关系的态度的篇章之一：

"那些女人真可怜，有的连血色都没有了，可是还站在那里拉客……"他常常带着钱去可怜那些女人。

"最非人生活的就是这些女人，可是没有人知道更详细些。"他这态度是个学者的态度。说着他就搭电车，带着钱，热诚的去到那些女人身上去研究"社会科学"去了。⑥

一般而言，萧红尽量避免在作品中谈到性问题，即使提到也极保守。但她也曾在《生死场》一书中破过一次例，她写金枝与她情人之间的绘声绘影的爱恋，文中充满着淫荡兽性；那段除了最早的一版刊载外，以后的版本都删除了。

（三）抗日作品

文评家常说萧红作品大部分是以抗日为主题。持这种论调的人都显然将主题和作品的时代背景混淆。诚然，她写的四部小说中的三部（如果让《生死场》最后的三分之一代表全书，而笔者不同意此看法），以及大部分在1937年后写的短篇小说及散文都是以战争作背景，但这些作品的主题却是另有所指；我们需要到书中仔细研究。作品中战争只不过是偶发事件，它的主要功能只是作背景陪衬而已。当然如果我们说萧红从没写过所谓的"抗日文学"或说她不是"抗日文学"的发起人之一，那也是不对的（她于哈尔滨写的《看风筝》和于重庆写的《旷野的呼喊》就是关于抗战事）。但遗憾的是，到前几年为止，一般文评家过分强调她的"抗日文学"，而事实上那只不过是她写作事业的奠基。从文学观点来看,"抗日文学"根本不是她作品中显著的特色(她自己说过:"作家们写作的出发点是对着人类的愚昧。"⑦她的生活经验范围虽窄,但她的文艺观点反而特别广)。当萧红的写作才能与日俱进时,她在文评家眼中的地位反而江河日下,后来竟落到人们仅把她当成抗日作家看待。而持此种论调的人所凭据的,只不过是她作品中,从纯文艺角度来看比较弱、技巧比较不圆熟的一本小说——《生死场》,而那小说的效果被勉强以"抗日收场"为结局严重地破坏了。

自然,她对"王道"的厌恶与其他的同胞,特别是"流亡异地的东北同胞"一样深;她的一些散文很清楚地证实这点。不过,散文不是小说,而小说里的人物和作者都住在不同的世界里,我们在此所谈论的是"小说世界"。

萧红的导师鲁迅,之所以在中途放弃医学是因为:

> 我便觉得医学并非一件紧要事,凡是愚弱的国民,即使体格如何健全,如何茁壮,也只能做毫无意义的示众的材料和看客,病死多少是不必以为不幸的。所以我们第一要着,是在改变他们的精神,而善于改变精神的是,我那时以为当然要推文学。(《〈呐喊〉自序》)

萧红的看法或许相同：抗战事业虽然很重要，但治好中国"体格上的病"后，国家就会全好了吗？若国民或全人类的"愚昧"还没消灭，那不可能吧。因此，和鲁迅一样，萧红用她的笔杆来揭露、分析甚至于讽刺中国人，特别是农民，认为他们最基本的弱点是他们的"愚昧"。说萧红是位"抗日文学"的小说家，不但是个误会，更是小看了她的文学贡献。

二、萧红的文体与技巧

（一）"诗"与"人"

当我们讨论到萧红的文体时，首先要谈的是她那简洁、不雕琢、自然得像诗样美的精练行文。除了《呼兰河传》及其他几篇特别优美的篇章外，她这种优美精简的文笔，当读者初读时很易被忽略，原因是她的行文太流畅，太自然了。她这种如行云流水般的文体，也就是她成功的关键所在。萧红的文章是真挚感人的，从不转弯抹角或使人扯不清楚，并且特别女性化。这并不是说她的文章柔弱无力，因为强有力的笔调并不一定要夸大其词；也并不是说简洁的文章就等于童话一样缺乏深度。要想行文有力，那么文句一定要与书中景况相吻合，更要设法配合书中角色的身份。以她书中的背景主题和角色而论，她无论在对话还是叙述的章节中，已经是非常巧妙地避免使用华而不实、枯萎无力或过分纠缠不清的语句。即使当她书中人物因感情不逼真或个性没能充分发挥而缺乏深度时，那些人物仍能表现得诚挚自然而扣人心弦、栩栩如生。

在前面数章中我们曾提到过萧红的记叙日常偶发事物和情景的惊人本领。她能将一件大事提纲挈领，用画龙点睛的笔法而使她的作品显得自然诚挚。而又常因她那种详尽叙述的本领，不论是悲欢离合或讽刺幽默的日常貌不惊人的琐事，也被写得淋漓尽致，她作品里带有种令人欲罢不能的吸引力。简言之，她那支为读者创造书中人物、情景及事物精华的生花妙笔，加上过人的写作技巧，使得她的作品富有真实感。

上边曾说过，萧红的行文美"像诗样"。这个"诗"字用得一点也不随便，一点也不夸大。萧红写过诗（见本书第四章，注[52]），一共十题六十首，"最短的只有两行，最长的也不过三十几行"[8]。诗是萧红最早发表的文章[9]，诗是萧红最早阅读的文学作品[10]，诗也是萧红身边少不了的东西[11]。不过，她写小说，写散文的时候，也是用诗人之笔来写，她"是一位富有诗人气质的小说家和散文家"[12]。有一位评者说得好，萧红"不以诗名，别具诗心"[13]。请看，《呼兰河传》的《尾声》不是诗吗：

呼兰河这小城里边，以前住着我的祖父，现在埋着我的祖父。

我生的时候，祖父已经六十多岁了，我长到四五岁，祖父就快七十了。我还没有长到二十岁，祖父就七八十岁了。祖父一过了八十，祖父就死了。

从前那后花园的主人，而今不见了。老主人死了，小主人逃荒去了。

那园里的蝴蝶，蚂蚱，蜻蜓，也许还是年年仍旧，也许现在完全荒凉了。

小黄瓜，大倭瓜，也许还是年年地种着，也许现在根本没有了。

那早晨的露珠是不是还落在花盆架上，那午间的太阳是不是还照着那大向日葵，那黄昏时候的红霞是不是还会一会工夫会变出来一匹马来，一会工夫会变出来一匹狗来，那么变着。

这一些我不能想象了。

听说有二伯死了。

老厨子就是活着年纪也不小了。

东邻西舍也都不知怎样了。

至于那磨房里的磨倌，至今究竟如何，则完全不晓得了。

以上我所写的并没有什么幽美的故事，只因他们充满我幼年的记忆，忘却不了，难以忘却，就记在这里了。⑭

看过《呼兰河传》这部"叙事诗"⑮的读者，谁忘却得了呢？

萧红在她作品中惯用的手法，是侧重在文字的洗练和她个人与故事的密不可分的关系上。而她很少在人物的创造、心理分析研究或冗长的戏剧场面上下过功夫。萧红在本质上是个善于描写她私人经历的自传体式作家。她自身与作品的关系愈疏，则该作品失败的成分就愈大，反之亦然。她作品中小说虚构的成分愈浓，则故事的感人性则愈少。

她小说中的所有主角除了一两个例外，几乎都是女性。她小说中的女性角色可算是她书中唯一写得好的人物。除了角色们性别的关系以外，她作品中还有其他几个特点：其中之一是她书中有仆役阶级的人物，另一就是那一再出现的小孩子，仅与父母之一相依为命，或与祖父母之一过着日子。毋庸置疑，她的作品大都是悲剧性的，而绝大多数都是描述穷苦无告的可怜人。有时我们在她作品中也发现有些人受折磨，是因他们自身的缺点而咎由自取，她小说中大部分的恶棍，却是地主、富豪及中外军人们。在她的某些故事中却又显出，那些折磨像对宇宙大嘲弄似的来到人间，好像命运之神硬要让那些最不该受苦难的人受到人间最残酷的惩罚，又好像是说人们的善良和勇敢就是他们受苦致命的根源。

像萧红这样有才华和声誉的作家，竟只创造出马伯乐那个唯一令人难以忘怀的角色，实在有点令人惊讶不已。即使马伯乐也只是讽刺角色中的陈腔滥调，他既没经过小说人物发展的特别过程，他的举止也没令人惊异之处。遗憾的是，萧红这种人物创造上的弱点，也见之于其他短篇故事和她那富有高度插曲性的长篇——《生死场》一书中。在短篇里，这类弱点并不大显著，因为所谓的短篇本身就很难有让故事中人物高度发展的机会（这一点，《手》里的王亚明和《小城三月》里的翠姨可能是例外）。萧红的第一本小说缺乏主角（即缺乏真正有深度的人物），是她作品不能一鸣惊人的主要原因之一。因此我们可以推断身为作家的萧红最常犯的毛病，是不容易在她作品中创造出令人信服或惊讶的角色来。这并不是说她作品中的人物都是毫无特色或个性；相反，那些人物有许多表现得很有理想，非常感人，且永留在读者记忆中。萧红所写的大部分作品，即使是缺乏以上所谓的多元性个性的角色，但仍极优秀，因此我们不免想象，如她能在这方面多下功夫，能将人物描写运用自如的话，她的成绩又该会达到何种程度呢？

我们假如从另一个角度来看萧红书里的人物，那就是以"社会效果"而不是"艺术效果"来看，也许会与下面的结论发生共鸣：

你所写的那些人物，当他们是个体时，正如你所说，都是自然的奴隶。但当他们一成为集体时，由于他们的处境同别的条件，由量变到质变，使成为一个集体英雄了，人民英雄，民族英雄。[16]

又：

萧红所要完成的，正是鲁迅曾经提出过的历史任务：真实地、历史地写出我们的民族、人民从"个人主义"到"集团主义"其间的桥梁。萧红的历史贡献也在这里。[17]

（二）情感与小说

白朗曾说过：

萧红是一个神经质的聪明人。[18]

许广平曾说过：

当然不能否认，萧红先生文章上表现相当英武，而实际多少还赋予女性的柔和，所以在处理一个问题时，也许感情胜过理智。[19]

萧红自己曾说过：

  我的心就像被浸在毒汁里那么黑暗，浸得久了，或者我的心会被淹死的，我知道这是不对，我时时在批判着自己，但这是情感，我批判不了。[20]

20世纪80年代的读者则认为：

  没有谁比鲁迅与萧红更重视感情在创作中的作用了。鲁迅说"创作总根于爱"，萧红以为"一个题材必须要跟作者的情感熟习起来，或者跟作者起着一种思想的情绪"。他们从不以旁观、冷漠的态度进行创作，总是把自己的全部感情倾注于描写对象之中；在塑造"民族魂"的同时，他们真诚地显示着自己的灵魂。[21]

总而言之，萧红确是一个富有感情的人。她这些感情，在她生活上，固然是她的悲剧根源之一，但在她的文学作品中，竟是最具撼动力的一面。

（三）导师·端木·萧红

很多文评家曾针对其他作家对萧红的影响大做文章。梅林曾说："……她自从和萧军离开后，除了保存几分坦直的性格而外，无论在哪方面都可以看出她底'可塑性'，容易受接近她底人的影响，甚至作品的风格。"[22]在萧红个人生活方面，梅林这种论调似乎无可厚非，萧红这种"可塑性"自她成年后就非常显明。至于说自与萧军分手后她的文风也轻易受别人影响，那似乎令人难以信服。

我们早已提过萧红与萧军分手后的两部主要作品之一——《马伯乐》，这书可能是受过老舍早期作品的影响。但她这书绝不像她的朋友们所写过的任何一本，我们从中也看不出她这书受过她周围人的任何影响。但另一方面，她的《呼兰河传》虽然在文风和主题上仍是她自己的一贯手法，但却与另一作家——端木蕻良的《大江》好有一比。这两本文风迥异的作品，在主题上却有数处相同，而此书正是端木与萧红同居时期的作品[23]。

我们在前述章节中曾偶尔涉及萧红笔下有关家乡日落的奇景异象。那些多彩多姿的"火烧云"也在《大江》中露面。但它的效果远不如萧红所写。端木惯用开门见山式的直叙，而萧红则喜用暗示性的隐喻；端木是以知识分子的理智来处置他的题材，而萧红则全凭她个人的感觉及喜好。对她而言，写景叙情是她那大景致和社会现象画面上的写作主干,但对端木而言,那只不过是个衬景。《呼兰河传》和《大江》中都有段相当长的对"跳大神"的描述,且介绍驱邪赶鬼的仪式。萧红在《呼兰河传》第二章中,以生花妙笔描绘了"跳大神"的种种,在团圆媳妇那节中再加强谈"跳大神"的事。端木在《大江》中的对"跳大神"的叙述也很长,有关"跳大神"的措施虽然和萧红近似,但他那种学术性的叙述却不及萧红在《呼兰河传》中的描绘来得动人心弦。端木在此类故事中超然的立场,正如萧红那种非常主观而与书中情节密不可分的关系一样明显,但萧红的描述比较让读者满足,她细心地检视她的主题,使得书中人物更生动,这是端木所不及的。

他们两人互相参照或模仿是有可能的。但问题是究竟谁参照谁,谁模仿谁?不论这问题是否与本文有关,我们是无法得到一个十分肯定的答案的。但由萧红巧妙地运用她书中的各种主题所产生的超越效果来看,即使那些手法技巧不是她开始使用,她也是有此能力的。总之,无论其他作家对她个人生活的影响有多大,但在写作上,她自有主见,绝不依靠别人的观念,她全仰仗她的天然禀赋。[24]

从萧红将近一百万字的全部作品看来,她之所以能在中国现代作家之林中占相当重要的地位,主要是由于下列作品:《生死场》(并不全是为该书的文采,而多半是因为它的历史价值及影响)、《商市街》《马伯乐》及《呼兰河传》。如果读者想更进一步研究，那须亲自读原著才行。现在我们在此做一结论：萧红的天才，体现在她有重述她过去生活中的景象，以充满感情、理解的清澈笔触，去叙述东北农人生活及介绍她家乡秀丽山川的本领。她的这种本领，使她像个以语言作媒介来表达她的意向的艺术家；她的成功的作品，就是她极端感人和引人入胜的艺术品。

注释

①这不是说她完全不顾文学之宣传效果——她在重庆和香港写的散文偶尔具有呼喊和唤醒民众的作用。

②萧红：《呼兰河传》，香港新艺出版社1966年版，第236—238页；黑龙江人民出版社1979年版，第205—207页。

③许定铭：《论萧红及其作品》，《文坛》1972年第329号，第59页。

④聂绀弩：《〈萧红选集〉序》二版（1981，北京），第4页。

⑤萧红：《呼兰河传》，香港新艺出版社1966年版，第66—67页；黑龙江人民出版社1979年版，第59—60页。

⑥萧红：《三个无聊人》，《桥》，文化生活出版社1936年版，第103页；《萧红散文》，大时代书局1940年版，第21页。

⑦引自《七月》中的一次座谈会的记录。转载于邢富君、陆文采：

《论〈呼兰河传〉及其评价》,1981年4月(未发表),第6页。

⑧余时(姜德明):《萧红的诗》,香港《海洋文艺》1979年第6卷第7期,第13页。萧红的自抄诗集是姜氏于北京的鲁迅博物馆发现的;这红色的小本子是许广玉保存下来的。

⑨《春曲》(见本书第二章)是她真正的处女作——发表于1932年中的《国际协报》上。

⑩萧红:《呼兰河传》,第三章;及张秀琢:《重读〈呼兰河传〉,回忆姐姐萧红》,《海燕》1979年第5期,第57—61页;又收入王观泉编:《怀念萧红》,黑龙江人民出版社1981年版,第48—55页。

⑪她在1936年9月9日给萧军的信中说:"唐诗也快寄来,读读何妨?我就是怎样一个庄严的人,也不至于每天每月庄严到底呀。尤其是诗,读一读就像唱歌似的,情感方面也愉乐一下。"见萧军编注:《萧红书简辑存注释录》,黑龙江人民出版社1981年版,第44页。

⑫余时:《萧红的诗》,香港《海洋文艺》1979年第6卷第7期,第12页。

⑬薰风:《不以诗名,别具诗心》,《学习与探索》1981年第5期。此文将萧红诗及萧红文中的"诗义"和"诗艺"分析得很好,值得一读。

⑭萧红:《呼兰河传》,香港版,第249—250页;黑龙江版,第217—218页。

⑮茅盾:《〈呼兰河传〉序》,《呼兰河传》,香港版,第32页;黑

龙江版，第9页。

⑯聂绀弩：《〈萧红选集〉序》，第4—5页。

⑰钱理群：《"改造民族灵魂"的文学——纪念鲁迅诞辰一百周年与萧红诞辰七十周年》，《十月》1982年第1期，第234页。此文在论述萧红与鲁迅之间的关系（特别是思想和文艺成就）方面算是一篇力作。

⑱白朗：《遥祭》，《文艺月报》1942年第5期，第9页。

⑲景宋（许广平）：《追忆萧红》，王观泉编《怀念萧红》，黑龙江人民出版社1981年版，第18页。

⑳萧军编注：《萧红书简辑存注释录》，黑龙江人民出版社1981年版，第26—27页。

㉑钱理群：《"改造民族灵魂"的文学》，《十月》1982年第1期，第234页。

㉒梅林：《忆萧红》，第35页。此段在王观泉编：《怀念萧红》，黑龙江人民出版社1981年版里被删去；

全段是：

她到了香港将近两年的样子，写了两个长篇小说：一为《呼兰河传》，一为《马伯乐》，但都不如她前期底作品富有生活实感和生活色泽；同时也仿佛失去了她自己原有的那种牧歌似的风格，但不足为异，她自从和萧军离开后，除了保存几分坦直的性格而外，无论在哪方面都可以看出她底"可塑性"，容易受接近她底人的影响，甚至作品的风格。

㉓端木蕻良：《大江》，晨光出版公司1947年版。此时，萧红才写完《呼兰河传》的稿子。

㉔端木蕻良在这方面有他的意见；他对一位评论家之认为萧红与端木结婚后，她的作品就变成"枯燥无味了"的话，如此说：

"当然也可以看出萧红的文风是有些转变，至于好坏，姑且不去谈，这点我还很佩服她的眼光，因为萧红确实有所转变。这改变是表面上的，萧红的气质、文笔、风格是一贯的，从她短文章一直到长的文章那是一贯的。"（1981年访问记录）

第八章　结论

　　萧红的一生几乎跨越了自1911年辛亥革命到抗战胜利这段战火连绵、多灾多难的岁月。她短暂的生命历程非常吸引人，远比笔者在这项专题研究中所能介绍的一切，更令人神往。她的一生大部分可说是由中国政治现状所形成，所局限。而她的英年早逝也可说是由中国政治现状所招致。若我们回顾她成年后的生活，不难看出萧红的一生并不能列入所谓的"中国传统女性模式"中。她的生活方式可说大半是受一连串不幸事件和她生长的危险时代及她周围人的影响，很少是受她天生的反叛性或来自她内在的任何力量驱使。

　　所谓的"新秩序"至少在理论上是提倡"男女平等"，这张招牌无可否认地具有相当吸引力。尤其在大都市中，年轻的一代都在寻找着新的"模式"。萧红就是这一代为了所谓"现代化"，不惜付出任何代价的一大部分人中的典型人物。遗憾的是，他们那些人往往在身心方面都欠缺面对新生活方式的准备。对女性而言，这新的变革和考验是非常艰辛的，唯有那最坚强的人才能安然无恙地渡过难关。但萧红却不是个坚强的女性，她在一个非常保守的家庭中长大，自幼就乏人垂爱。成年后她又在一个非常不健全的环境中成长，并有那天生的敏感性和不通世故的毛病。如果她的问题仅止于此，她也许还能勉强期望过一种相当平稳简单的生活。可是，由上文中，我们可看出由于内外两种阻力，这理想无法实现。当萧红二十岁时，对日抗战可说是从她家乡开始了，而她的余生就是一直在逃离战乱中度过的。在那不到八年的岁月中，她到处奔波，从没在一处住过两年以上，往往待一阵就再逃。自离开哈尔滨后，她被逼近的战火赶到青岛和上海，又到临汾、西安、武汉、重庆，最后当第二次世界大战正式开场时，她终于逃到了香港。从她最后误听人言，决定逃港这件事看来，她那不幸的心理上缺乏主见的缺陷，对她日后的影响，远比对日战争来得大。

至于谈到其他因素，从萧红个人的写作及她朋友们的回忆中可看出，她虽极端地渴望着能自恃自立，但事实却证明她极端需要依靠他人，特别是男人。她厌恶那些真正关心她的女性朋友的劝告，而常依顺男人的需求索取的行为显出了她这个缺点。她一生中这是个最大的缺点，那也正是她一切不幸的根源。萧红好像对把自己牵入无须有的困境，然后再选择其中最困难的出路，因此使自己陷进更大的悲愁中，有着过人的本领。我们从她那受尽折磨的一生中可看出，她好像被虐待狂似的，把她自己的过人才智和平静心田去供那些男人利用，去为他们做那些下贱和辛劳的琐事，如抄写东西，做做情妇，以及管管家等。萧红自认为她是娘娘庙中的娘娘；她那敦厚的秉性，使她成了那些讨厌而不诚实的男人们欺侮的对象。在那几个拥有这声名的男人中，萧军虽然给萧红的待遇是最令人难堪的，但他的动机却比其他几个也许纯洁多了。当萧红一反常态竟敢离他而去时，萧军真是大吃一惊。如果早知如此，那妄自尊大的萧军可能会想尽办法好好待她。萧军之所以对萧红如此，除了归咎于他那反复无常的性格外，他对男女地位的错误观念是主要因素。他以简洁清晰的笔调记下他的看法：

"爱的！这就是人生吗？有了爱，有了家……"

每当她快乐的时候，就要勾紧我的脖子，逼着我解答她一些奇妙的问题。

"唔……这就是人生！"

"不，人生总不会就是这样简单……一定还有些别的？……"

"再有的是……有了爱，有了家……再有的是……就该是孩子们了……"

"除开孩子——""没有了……"我作着思索的样子，

接着说：

"这对于一个女人的需要，已经是够了！"

"我不是单独说的女人……'人生'并没有分别着男人和女人的……"

"那么，对于一个男人……再加上一项，就是赚钱……"①

他既说出他的看法，他爱萧红就是根据这观点，可是对萧红而言，那是不够的。

萧红刚从日本回来的时候，因为"恩师"鲁迅已去世，她与萧军间的情感也受到打击，所以，这可能是她一生中情绪上最痛苦的日子。她在1937年5月4日给萧军的信中这样哀叹她的命运：

这几天我又恢复了夜里骇怕的毛病，并且在梦中常常生起死的那个观念。

痛苦的人生啊！服毒的人生啊！

我常常怀疑自己或者我怕是忍耐不住了吧？我的神经或者比丝线还细了吧？

……

我哭，我也许不能哭。不允许我哭，失掉了哭的自由了。我不知为什么把自己弄得这样，连精神都给自己上了枷锁了。

这回我的心情还不比去日本的心情，什么能救了我呀！上帝！什么能救了我呀！②

在此信的注释中，萧军说："我知道这一次痛苦主要是我给予她的。"③他又说："如果说对于萧红我引为终身遗憾的话，应该就是这一次'无结果的恋爱'，这可能深深刺伤了她，以致引起她对我深深的、难于和解的愤恨！"④

至于对端木蕻良，因为他与萧红的性格相差太远，又无法满足萧红精神的要求，他们实无"同舟共济"之缘。结果，萧红之肯与他同居实令人费解。但这事却更加强了我们认为她是个非常寂寞的女人的看法，她甚至不惜牺牲自尊而去追求一个永久的归宿。虽然萧军和端木蕻良不是仅有的二位使萧红饱受挫折、忧郁和难以名状的愤怒之苦的人，但他们却是其中最重要的人物。萧红无力或不愿从与男人们那种不愉快的关系中分手自立，使得她的女友们大为惊愕。她们都认为这种"委曲求全"的心理就是萧红所有问题的症结。绿川英子曾写道："进步作家的她，为什么另一方面又那么比男性柔弱，一股脑儿被男性所支配？"⑤

与萧红低落的情绪和心理问题结伴而行的是她那日渐衰弱的身体。各式各样的病一直纠缠着她而且阻碍着她的创作。这种情形影响到她的事业和心情,因此她常因身体不适而中断写作。她自己曾对萧军说过:"三郎,我知道我的生命不会太久了,我不愿在生活上再使自己吃苦,再忍受各种折磨了!"⑥

在当时的状况下,从某种程度上说,萧红其实大可不必感到寂寞和痛苦。自哈尔滨起到香港止,萧红崛起于文坛的短短十年间,结识了不少政界及文坛有名望的朋友。她与鲁迅夫妇交谊甚笃,而鲁迅夫妇也对她非常关爱。她与茅盾、胡风和无数别的作家、编者、出版家都是朋友。她也与曹靖华、柳亚子、丁玲、史沫特莱、孔罗荪等有过短暂而愉快的交谊。这些都证明她交游广阔。在她逝世后源源不断的追悼诗文中,大部分都表现出感伤而亲切的情谊,这点证明萧红为很多人所敬爱。

萧红去世后,一般读者及文评家对她个人生活及她的作品的兴趣,历久不衰。1957年7月人们终于找到了她的骨灰并且把它挖出。同年8月3日由香港文艺界举行了一个简单的迁葬仪式,然后由端木以丈夫身份将她的骨灰改葬广州。此事件,吸引了香港作家们的兴趣,激起了他们的灵感及怀旧的情怀。在此后的十五六年中,他们写出了无数有关萧红个人及她作品的文章。⑦

由上述诸事,我们可看出萧红在友朋和故旧中的人缘。甚至其中的某些人对她的兴趣不但没因时衰退,反而与时俱增。不过这仅是证明萧红是个重要作家的事例之一而已。要想建立她在中国文坛不朽的地位，我们仍得继续努力找寻其他例证。首先我们应明白萧红有几点与众不同之处：她是抗日文学的草创人之一，她在文坛上的崛起正与中国文坛走进理论与宣传式的创作同时；她是在中国文坛为男作家所称霸时期的少数女作家之一；她是鲁迅内围小团体中的唯一女子。以她那短短的创作生涯来看，她在当时可算是最有才气、最成功的女小说家。除此而外，萧红足可名列民国时期女小说家的前茅。我们记得鲁迅在1936年时曾说过，萧红具有凌驾于丁玲而成为中国首席女作家的潜能。那时他主要是根据萧红的《生死场》一书而做此评论。从萧红日后的作品看来，她的确是轻而易举地取代了丁玲的地位（当然丁玲的影响力仍是远在萧红之上）。鲁迅所言纯是针对左翼作家而言。一般而言，当时是左翼作家控制中国文坛，而事实上，左翼作家大都是当时比较优秀的作家。（萧红之所以被列入左翼作家之林，主要是她与那些左翼人物的关系，并非基于她当时的政治活动。）由此而论，萧红可算得上是当时颇前卫的女作家之一。不仅如此，如萧红自己说："'人生'并没有分别着男人或女人的……"因此在文坛上我们似乎也不应增强人为的男女之别。

萧红在左翼文艺圈有相当的影响力，然而这种影响力大部分缘于她个人的交谊（并非由于她自己在文坛上的建树）。在她逃到香港之前，她仅出版过一本小说《生死场》，一本描写她和萧军在哈尔滨生活的杂记《商市街》,加上一些短篇和杂感而已。自1937年7月抗日战争全面爆发以后,她不是封笔不写,就是与当时文坛的写作潮流脱节,因此她得罪了不少的朋友。那时朋友们责备她误入歧途,完全沉溺于自怜的环境,她成了一个迷失了方向的作家,并且"完全将她自己关在自己的小圈子里"[8]。其中柳无垢的批评可算其中的代表:"她想着世界上其他在苦难挣扎斗争里的人群,她便是其中的一个,但她却又似乎不属于大众,和人群隔离。"[9]

萧红的朋友认为,她身心所遭受的苦痛,使得她与现实生活及中国社会主流脱了节,因此也使她产生不出健康的作品。在很多当时的作家及后来的文评家眼中,萧红后来的创作既未能发挥她的潜能,也没能符合当时的时代需要;这样一来,萧红在中国文坛的地位,也就岌岌可危了。

自1949年后直至20世纪80年代以来的文学史中,萧红竟被列入二流作家之林。她的私生活成了人们讨论的题材,而她的作品反而成了次要。萧红的早期作品,如《生死场》及其他各色各类短篇杂文,都被称颂不已,但她后期的作品却被谴责为"白费精力"。根据这些研究文学史的专家们的评鉴,萧红不但不能和当时中国文坛巨子,如鲁迅、巴金、郭沫若、茅盾和老舍等辈相提并论,甚至也不如那些不及她才气及知名度的政治作家。

如硬将萧红与当时文坛上的其他作家相较量，我们很清楚可看出，无论从题材还是写作方法和态度上着眼，其他作家和萧红甚少有相同之处。如果我们在文学立场上对萧红成败的评断正确的话，那么，我们对萧红的成就可做下列结论：萧红作品之所以能传世不朽，在于她与众不同的题材和文笔。在她成功的作品中，只有一本《马伯乐》可算得上是纯小说。而《马伯乐》是一本非常幽默的讽刺小说。所以可以说萧红是一个与众不同、独具风格的作家。

当我们将萧红与当时文坛一些最具影响力、最多产及最有才气的作家，如幽默小说家老舍、社会小说家茅盾、浪漫革命小说家巴金相比，她与这些人之间的区别是很明显的。当时那些一般作家主要作品的题材和所要传达的政治信息，如爱国式、共产式或无政府主义的思想意识，是萧红作品中所缺乏的。萧红以她独具的艺术才华，加上她个人对世事的感应写下了不朽的篇章。她的作品是超越时间和空间的。因此萧红的作品要比她同时代作家的作品更富人情味，且更能引人入胜。由于萧红的作品没有时间性，所以她的作品也就产生了"持久力"和"亲切感"。就是她作品中的这种"持久力"和"亲切感"，逐渐拉近了读者与作者之间的距离。这种读者与作者之间的"亲和力"，使她的杰作在我们这批对20世纪30年代及40年代中国动荡不安的政局，只有知识上的好奇而比较缺乏情感上的牵挂的读者面前更具吸引力。当时的大部分小说反映当时的革命活动或鼓励大家参加革命行列，就是他们这种"时间界限"，使得那些作品很快地变成"明日黄花"。相反，萧红的作品却能与时俱进、流传不朽。

当然此时此地，我们很难对萧红在中国20世纪文坛上的地位下一放之四海而皆准的断语（即使勉强下了，也是会涉及主观的价值判断）。虽然萧红的作品不算很多，且其中有些也不尽如人意，但总括起来，她至少有三本（或者有更多些）作品将会传世。当许多20世纪三四十年代的作品因受时空限制而遭读者唾弃时，萧红的力作的历久常新的内容及文采，终究会使她跻身于文坛巨匠之林。

注释

①萧军：《为了爱的缘故》，《十月十五日》，上海文化生活出版社1937年版，第168页。

②萧军编注：《萧红书简辑存注释录》，黑龙江人民出版社1981年版，第26页。

③萧军编注：《萧红书简辑存注释录》，黑龙江人民出版社1981年版，第28页。

④萧军编注：《萧红书简辑存注释录》，黑龙江人民出版社1981年版，第28页。

⑤[日]绿川英子:《忆萧红》,王观泉编《怀念萧红》,黑龙江人民出版社1981年版,第57—58页,此段为池田幸子所云,绿川英子加以引述。

⑥萧军编注:《萧红书简辑存注释录》,黑龙江人民出版社1981年版,第19页。丁玲曾如此说:"有一次我同白朗说'萧红决不会长寿的'。"见丁玲:《风雨中忆萧红》,王观泉编《怀念萧红》,黑龙江人民出版社1981年版,第27页。

⑦关于这事件的详细情形请参阅下列各文:(一)叶灵凤:《寂寞滩头十五年》,《文艺世纪》1957年9月1日。(二)叶灵凤:《关于萧红女士的事情》,《文汇报》1957年8月3日。(三)阿甲:《花开时节忆萧红》,《乡土》杂志1957年7月。(四)叶德星:《萧红迁葬十六年》,《明报月刊》1973年6月16日。

⑧石怀池:《论萧红》,上海耕耘出版社1945年版,第101页。

⑨石怀池:《论萧红》,上海耕耘出版社1945年版,第100页。

附录一

"九一八"致弟弟书

萧 红

可弟：小战士，你也做了战士了，这是我想不到的。

世事恍恍惚惚地就过了：记得这十年中只有那么一个短促的时间是与你相处的，那时间短到如何程度，现在想起就像连你的面孔还没有来得及记住，而你就去了。

记得当我们都是小孩子的时候，当我离开家的时候，那一天的早晨你还在大门外和一群孩子们玩着，那时你才是十三四岁的孩子，你什么也不懂，你看着我离开家向南大道上奔去。你连招呼都不招呼，你恋着玩，对于我的出走，你连看也不看。

而事隔六七年，你也就长大了，有时写信给我，因为我的漂流不定，信有时收到，有时收不到。但在收到信中我读了之后，竟看不见你，不是因为那信不是你写的，而是在那信里边你所说的话，都不像是你说的。这个不怪你，都只怪我的记忆力顽强，我就总记着，那顽皮的孩子是你，会写了这样的信的，会说了这样的话的，哪能够是你？比方说——生活在这边，前途是没有希望，等等。

这是什么人给我的信，我看了非常地生疏，又非常地新鲜，但心里边都不表示什么同情，因为我总有一个印象，你晓得什么，你小孩子，所以我回你的信的时候，总是愿意说一些空话，问一问家里的樱桃树这几年结樱桃多少？红玫瑰依旧开花否？或者是看门的大白狗怎样了？关于你的回信，说祖父的坟头上长了一棵小树。在这样的话里，我才体味到这信是弟弟写给我的。

但是没有读过你的几封这样的信，我又走了。越走越离得你远了，从前是离着你千百里远，那以后就是几千里了。

而后你追到我最先住的那地方，去找我，看门的人说，我已不在了。

而后婉转的你又来了信，说为着我在那地方，才转学也到那地方来念书。可是你扑空了。我从海上走了。

可弟，我们都是自幼没有见过海的孩子，可是要沿着海往南下去了，海是生疏的，我们怕，但是也就上了海船，飘飘荡荡的，前边没有什么一定的目的，也就往前走了。

那时到海上来的，还没有你们，而我是最初的。我想起来一个笑话，我们小的时候，祖父常讲给我们听，我们本是山东人,我们的曾祖,担着担子逃荒到关东的。而我们又将是那个未来的曾祖了,我们的后代也许会在那里说着,从前他们也有一个曾祖,坐着渔船,逃荒到南方的。

我来到南方,你就不再有信来了。一年多我又不知道你那方面的情形了。

不知多久,忽然又有信来,是来自东京的,说你是在那边念书了。恰巧那年我也要到东京去看看。立刻我写了一封信给你,你说暑假要回家的,我写信问你,是不是想看看我,我大概7月下旬可到。

我想这一次可以看到你了。这是多么出奇的一个奇遇。因为想也想不到,会在这样一个地方相遇的。

我一到东京就写信给你,你住的是神田町,多少多少番。本来你那地方是很近的,我可以请朋友带了我去找你。但是因为我们已经不是一个国度的人,姐姐是另一国的人,弟弟又是另一国的人。直接地找你,怕与你有什么不便。信写去了,约的是第三天的下午六点在某某饭馆等我。

那天,我特别穿了一件红衣裳,使你很容易地可以看见我。我五点钟就等在那里,因为我在猜想,你如果来,你一定要早来的。我想你看到了我,你多么喜欢。而我也想到了,假如到了六点钟不来,那大概就是已经不在了。

一直到了六点钟,还没人来,我又多等了一刻钟,我又多等了半点钟,我想或者你有事情会来晚了的。到最后的几分钟,竟想到,大概你来过了,或者已经不认识我,因为始终看不见你,第二天,我想还是到你住的地方看一趟,你那小房是很小的。有一个老婆婆,穿着灰色大袖子衣裳,她说你已经在月初走了,离开了东京了,但你那房子里还下着竹帘子呢。帘子里头静悄悄的,好像你在里边睡午觉的。

半年之后,我还没有回上海,不知怎么的,你又来了信,这信是来自上海的,说你已经到了上海了,是到上海找我的。

我想这可糟了,又来了一个小吉卜西。

这流浪的生活,怕你过不惯,也怕你受不住。

但你说:"你可以过得惯,为什么我过不惯。"

于是你就在上海住下了。

等我一回到上海,你每天到我的住处来,有时我不在家,你就在楼廊等着,你就睡在楼廊的椅子上,我看见了你的黑黑的人影,我的心里充满了慌乱,我想这些流浪的年轻人,都将流浪到哪里去,常常在街上碰到你们的一伙,你们都是年轻的,都是北方的粗直的青年,内心充满了力量。你们是被逼着来到这人地生疏的地方,你们是可怕的一群,在街上落叶似的被秋风卷着,寒冷来的时候,只有弯着腰,抱着膀,打着寒战。肚里饿着的时候,我猜得到,你们彼此的乱跑,到处看看,谁有可吃的东西。

在这种情形之下,从家里跑来的人,还是一天一天地增加,这自然都说是已往而并非是现在。现在我们已经抗战四年了。在世界上还有谁不知我们中国的英勇,自然而今你们都是战士了。

不过在那时候,因此我就有许多不安。我想将来你到什么地方去,并且做什么?

那时你不知我心里的忧郁,你总是早上来笑着,晚上来笑着。似乎不知道为什么你已经得到了无限的安慰了。似乎是你所存在的地方,已经绝对的安然了,进到我屋子来,看到可吃的就吃,看到书就翻,累了,躺在床上就休息。

你那种傻里傻气的样子,我看了,有的时候,觉得讨厌,有的时候也觉得喜欢,虽是欢喜了,但还是心口不一地说:"快起来吧,看这么懒。"

不多时就"七七"事变,很快你就决定了,到西北去,做抗日军去。

你走的那天晚上,满天都是星,像幼年我们在黄瓜架下捉着虫子的那样的夜,那样黑黑的夜,那样飞着萤虫的夜。

你走了,你的眼睛不大看我,我也没有同你讲什么话。我送你到了台阶上,到了院里,你就走了。那时我心里不知道想什么,不知道愿意让你走,还是不愿意。只觉得恍恍惚惚的,把过去的许多年的生活都翻了一个新,事事都显得特别真切,又都显得特别的模糊,真所谓有如梦寐了。

可弟，你从小就苍白，不健康，而今虽然长得很高了，仍旧是苍白不健康，看你的读书，行路，一切都是勉强支持。精神是好的，体力是坏的，我很怕你走到别的地方去，支持不住，可是我又不能劝你回家，因为你的心里充满了诱惑，你的眼里充满了禁果。

恰巧在抗战不久，我也到山西去，有人告诉我你在洪洞的前线，离着我很近，我转给你一封信，我想没有两天就可看到你了。那时我心里可开心极了，因为我看到不少和你那样年轻的孩子们，他们快乐而活泼，他们跑着跑着，当工作的时候嘴里唱着歌。这一群快乐的小战士，胜利一定属于你们的，你们也拿枪，你们也担水，中国有你们，中国是不会亡的。因为我的心里充满了微笑。虽然我给你的信，你没有收到，我也没能看见你，但我不知为什么竟很放心，就像见到了你的一样。因为你也必是他们之中的一个，于是我就把你忘了。

但是从那以后，你的音信一点也没有的。而至今已经四年了，你也到底没有信来。

我本来不常想你，不过现在想起你来了，你为什么不来信？

于是我想，这都是我的不好，我在前边引诱了你。

今天又快到"九一八"了，写了以上这些，以遣胸中的忧闷。

愿你在远方快乐和健康。

萧红·绝笔？

葛浩文

数周以前我收到了广州华南师范学院的一位研究生丘立才的来信，知道这位青年朋友正在研究东北女作家萧红的作品，预备写篇论文。他除了问我一些有关萧红生平的问题，关于她作品的意见，请我将我的一部分文章寄给他以外，在信上他又说："我曾发现萧红的最后一篇文章《"九一八"致弟弟书》，发表在1941年9月26日桂林出版的《大公报》上，不知您有无这篇文章？如没有的话，我可将此文章寄给您。"

复信时就请他把该文寄下。前几日收到了萧红的"最后一篇文章"。这意外的礼物来得恰到好处，不但对修订拙作《萧红评传》的工作有帮助（特别是萧红对她亲弟的感情与态度，和她在世最后几个月的心绪），而在萧红"最后"遗著问题上也有它重要的意义。前者由文章本身（见附录）表达得很清楚，我不在此加任何分析。

但该文到底能不能算是萧红的"绝笔"呢？很难说。萧红研究者见仁见智，各有不同的看法，主要的有下列数种：

我在1980年版的《萧红评传》中曾写："《小城三月》是她最后的作品。"（该短篇小说发表于1941年7月的《时代文学》第2期）这看法现在证明是错误的。香港作家刘以鬯在他的《萧红的〈马伯乐〉续稿》一文中（《明报月刊》第144期）指出这部长篇小说是在香港出的《时代文学》连载发表的，时间为1941年2月至11月。

后来北京的刊物《文学评论丛刊》第4期（1979年）上发表了一篇名为《萧红的最后一篇文章》的文章，作者狄如此介绍了萧红的另一篇遗文：

"1941年9月1日香港的《时代文学》（周鲸文、端木蕻良主编）第一卷第四号上发表了萧红的《给流亡异地的东北同胞书》，这可能是萧红所写的最后一篇文章。"（第305页）

从以上三部作品（《"九一八"致弟弟书》、《马伯乐》续稿、《给流亡异地的东北同胞书》）的发表日期看，《马伯乐》续稿无疑是最晚的，而《给流亡异地的东北同胞书》却是最早的。因为撰写日期都不详，目前无法确定先后关系，但我提出下列三点看法，供大家参考：

（一）《马伯乐》第一部的单行本发表于1940年，续稿约一年后才连载完了；因为后者是长篇，很可能在开始连载之前（1941年2月）已经完稿。

（二）《给流亡异地的东北同胞书》为一篇不过三百余字的短文，撰写与发表日期（9月1日）大约差不了几月。

（三）《"九一八"致弟弟书》中写着："今天又快到'九一八'了……"而因为到9月26日才发表（当时从香港寄信到桂林也该要些日子吧），此文很可能是"九一八"前夕完成的。

根据上面推测，我们不妨说，《马伯乐》续稿第九章（也是最后一章）是萧红著作中目前所发现的最后发表的小说，而《"九一八"致弟弟书》是最后发表的一篇文章。后者也可能是萧红最后完稿的作品——她的"绝笔"。此后她是否又写了别的什么东西，目前我们不得而知，但由于她在世最后的几个月（她于1942年1月22日去世）生活在水深火热、贫病交加之中，再写的可能性并不大。

附录二

萧红研究资料目录索引

（1933—1982）

编者：

本《索引》根据［美］葛浩文编《萧红生平与作品目录》、萧耘辑录《有关萧红研究中外著作资料》、［日］前野淑子编《日本的萧红著作、萧红研究目录索引》、王观泉编《萧红研究资料目录》等几种资料综合编成。虽如此，仍有疏漏，失当之处也在所难免，望广大研究者、读者予以补充和批评，使其逐步完善。

一、生平史料

萧军：《杀鱼》，《大同报·大同俱乐部》1933年3月29日—4月1日。

黑人：《流浪人的消息——给三郎悄吟》，《大同报·大同俱乐部》1933年；黑龙江省作协《创作通讯》1980年第4期。

三郎（萧军）：《烛心》，《跋涉》，哈尔滨五日画报社1933年版。

田军：《让他自己……》，《作家》月刊1936年第2卷第2期。

萧军：《未完成的构图》，《中流》1936年第1卷第6期。

萧军：《绿叶的故事》，上海文化生活出版社1936年版。

萧军：《为了爱的缘故》，上海文化生活出版社1937年版。

［日］高杉一郎：《关于萧红》，日本《文艺》1937年第5卷第11期。

山丁（邓立）：《萧军与萧红》，《新青年》1937年；《东北现代文学史料》1980年第1辑。

萧军：《邻居》，《中流》1937年第1卷第12期。

［日］鹿地亘：《交友录第一页》，《报知新闻》1937年7月15日—18日。

杜君某：《萧红一怒走东京，田军预备追踪前往》等三篇，《作家腻事》，上海千秋出版社1937年版。

萧军：《涓涓》，上海燎原书店1937年版；《东北现代文学史料》1980年第2辑。

［日］长野贤：《关于萧红》，《中国文学月报》五八，1940年1月。

萧军：《侧面》，香港海燕书店1941年版。

柳亚子：《记萧红女士》，《怀旧集》，耕耘出版社1946年版。

骆宾基：《萧红小论》，重庆《新华日报》1946年1月22日。

骆宾基：《萧红小传》，上海建文书店1947年版；黑龙江人民出版社1980年版。

聂绀弩：《在西安》，《沉吟》，上海文化供应社1948年版。

孙陵：《萧红》，《文坛交游录》，高雄大业书店1955年版。

叶灵凤：《关于萧红女士的事情》，香港《文汇报》1957年3月9日。

智侣：《萧红与端木》，香港《文汇报》1957年8月2日。

季林：《萧红》，《中国作家剪影》，香港文学出版社1958年版。

孙陵：《萧红的错误婚姻》，《浮世小品》，台北正中书局1961年版。

[日]鹿地亘：《萧军与萧红》，《中国现代文学选集月报》1962年第8期。

赵聪：《饱受男性欺侮的萧红》，《三十年代文坛点将录》，香港后人书局1970年版。

郭英：《关外来的萧红》，香港《明报晚报》1970年5月22日。

杜君某：《田军萧红的滑稽故事》，《作家腻事》，香港中山图书公司1971年版。

[日]立间祥介：《关于萧红》，《中国的革命与文学》第5册，1972年。

舒平：《萧红与鲁迅》，香港《明报·自由谈》1973年6月27日。

某先生：《田军萧红往事》，香港《真报》1973年6月27日。

克亮：《也谈萧红和鲁迅》，香港《明报·自由谈》1973年7月2日—3日。

龙云灿：《萧红的悲剧》，《三十年代左翼文坛现形录》，台北华欣文化事业中心1975年版。

[美]葛浩文：《谈萧红与鲁迅》，香港《抖擞》1975年第9期。

李立明：《女作家萧红》，香港《中华月报》1975年第722期。

萧军：《萧红小传》（未发表）。

玄默：《萧军与萧红》，胡品清编《作家与作家》，台北长歌出版社1976年版。

余惠：《来自呼兰河畔的萧红》，香港《海洋文艺》1976年第3卷第2期。

[日]秋山洋子：《两个女作家》，《世界女性史》十七，1976年7月。

李立明：《中国现代六百作家小传·萧红》，香港波文书局1977年版。

薇薇：《浅水湾畔埋芳——骨女作家萧红的一生》，香港《象牙塔外》1977年第21期。

北京语言学院：《中国文学家辞典·萧红》1978年征求意见稿。

钟汝霖：《反帝爱国女作家萧红》，《哈尔滨师范学院学报》1978年第3期。

骆宾基：《走向生活第一课——记萧红之一》，《北方文学》

1978年第10期。

山东师院聊城分院中文系:《中国现代作家小传·萧红》,山东师范学院业余教育组印,1978年11月。

丁言昭:《萧红与鲁迅》,《读点鲁迅丛刊》第3辑,爱辉县教师进修学校编印,1979年2月。

丁言昭:《萧红与鲁迅》附录一《萧红年表》,《读点鲁迅丛刊》第3辑,爱辉县教师进修学校编印,1979年2月。

丁言昭:《萧红与鲁迅》附录二《萧红著作目录》,《读点鲁迅丛刊》第3辑,爱辉县教师进修学校编印,1979年2月。

刘以鬯:《关于萧红》,香港《开卷月刊》1979年第5期。

萧军:《在上海拉都路我们曾经住过的住址和三张画片》,《萧军近作》,四川人民出版社1981年版。

铁峰:《萧红传略》,《文学评论丛刊》1979年第4辑。

萧军:《我们第一次应邀参加了鲁迅先生的宴会》,《人民文学》1979年第5期。

骆宾基:《萧红》,收入徐州师院《传略》编写组:《中国现代作家传略(三)》,1979年6月。

余时(姜德明):《鲁迅与萧红》,香港《海洋文艺》1979年第2期;《新文学史料》总第4辑,1979年8月。

陈隄:《萧红的生平与创作》,《语文双月刊》创刊号,1979年8月。

卢玮銮：《一九四〇年萧红在香港》，香港《明报月刊》1979年第167期。

陈隄：《从青岛到上海》，《文艺百家》创刊号，1979年10月。

铁峰：《从呼兰到哈尔滨》，《文艺百家》创刊号，1979年10月。

[美]葛浩文（郑继宗译）：《二"萧"散记——又论萧军，再谈萧红》，香港《明报月刊》1979年第169期。

司马长风：《萧红的一生》（一）（二）（三），香港《明报》1979年11月19日、20日、21日。

[美]葛浩文：《犷健和柔弱——又论萧军，再谈萧红》，香港《明报月刊》1979年第170期。

肖凤：《萧红传》（一）（二），《散文》，1980年1、2期。

施宁：《萧红在香港》，美国旧金山市中文报《华侨日报》1980年1月18日。

赵凤翔（肖凤）：《萧红与美国作家》，《华侨日报》1980年1月24日。

[美]葛浩文：《〈萧红与美国作家〉补遗》，《华侨日报》1980年2月11日。

赵凤翔：《萧红与舒群》，《新文学史料》总第7辑，1980年2月。

丁言昭：《萧红年表》，《东北现代文学史料》1980年第1辑。

龙音：《女作家萧红》，《黑龙江画报》1980年3月。

余时：《关于萧红的事——兼寄聂华苓》，香港《海洋文艺》1980年第1期；《东北现代文学史料》1980年第2辑。

陈隄：《从呼兰到哈尔滨》(《萧红评传》选载)，《东北现代文学史料》1980年第2辑。

傅秀兰口述，何宏整理：《女作家萧红少年时代二三事》，《东北现代文学史料》1980年第2辑。

丁言昭：《萧红的朋友和同学》，《东北现代文学史料》1980年第2辑。

丁言昭：《访老人，忆故人》，《东北现代文学史料》1980年第2辑。

胡元亮：《萧红在上海住过的地方》（一）（二）（三）（四），《华侨日报》1980年5月17日、19日、20日、22日。

丁言昭、曹予庭：《绿川英子与萧红》，《战地》1980年第3期。

骆宾基：《〈生死场〉、艰辛路——萧红简传》，《华侨日报》1980年6月12日。

文船山：《抗战时期作家——萧红、萧军、端木蕻良——他们的爱情生活的悲剧》，台湾《联合报》1980年6月15日、16日。

萧军：《拉都路上几春宵》，《艺术世界》1980年第4期。

孟希讲述，何宏整理：《萧红在哈尔滨二三事》，香港《开卷》1980年第24期。

何宏：《值得纪念的小屋——介绍萧红萧军在哈尔滨市商市

街故居》,《东北现代文学史料》1980年第2辑。

聂绀弩:《回忆我和萧红的一次谈话》,《新文学史料》总第10辑,1981年2月。

沙金成:《萧红与〈夜哨〉》,《吉林日报》1981年2月22日。

[美]葛浩文(郑继宗译):《老斧头——又论萧军,再谈萧红》,香港《明报月刊》1981年第171期。

司马桑敦:《三郎悄吟的〈跋涉〉岁月》,香港《明报月刊》1981年3月。

孙陵:《我所认识的萧红》,《台湾日报》1981年5月6日。

王观泉:《哈尔滨——萧红的根》,《哈尔滨日报》1981年6月16日。

孙玉贤:《回忆萧红》,《哈尔滨日报》1981年6月16日。

戢克非、赵恒珊:《萧红的最后十四天》,《春风》1981年第8期。

沈昆朋:《萧红年谱》,《南开大学学报》1981年第3、4期。

李津:《萧红年表》,《黑龙江文物丛刊》创刊号,1981年。

何宏:《萧红在哈生活过的地方》,《哈尔滨日报》1981年6月16日。

艾国忱:《关于萧红的母校》,《创作通讯》1981年第4期。

韩文敏:《鲁迅与萧红》,《创作通讯》1981年第5期。

钟汝霖:《萧红的十年文学道路》,《北方论丛》1981年第5期。

张程：《鲁迅和萧红》，《辽宁日报》1981年10月6日。

钟汝霖：《萧红生平著作纪年》，《北方论丛》总51期，1982年1月。

丁言昭：《萧红在上海事迹考》，《东北现代文学史料》1982年第4辑。

冯亦代：《哑剧的试演〈民族魂——鲁迅〉》，《东北现代文学史料》1982年第4辑。

[苏]B.H.罗果夫：《记萧红的谈话》，《东北现代文学史料》1982年第4辑。

艾国忱：《关于萧红的母校》，《东北现代文学史料》1982年第4辑。

黄淑英：《二萧与裴馨园》，《东北现代文学史料》1982年第4辑。

陆文果：《爱国主义激情一直在她心头跳动》，《东北现代文学史料》1982年第5辑。

张抗：《萧红家庭情况及其出走前后》，《东北现代文学史料》1982年第5辑。

孟希：《萧红遇难得救》，《东北现代文学史料》1982年第5辑。

沙金成：《萧红离开哈尔滨到达青岛的确实日期》，《东北现代文学史料》1983年第6辑。

钟汝霖：《一九六二年访问萧红图画教师高昆纪实》，《东北现代文学史料》1984年第9辑。

钟桂松:《茅盾与萧红》,《东北现代文学史料》1984年第9辑。

[日]村田裕子:《东京时期的萧红及其作品》,《东北现代文学史料》1984年第9辑。

鲁海、龚彧藻:《党与两萧》,《东北文学研究丛刊》1985年第2辑。

齐广文:《萧红笔名释略》,《东北现代文学研究》1986年第1期。

李重华:《一曲别具情味的恋歌:评萧红从日本寄给萧军的信》(出处阙如)。

肖凤:《萧红年表》,《呼兰师专学报》1986年第2期社会科学版。

金延湘:《萧红的大泥坑》,《中国时报》1986年7月4日。

[美]葛浩文:《萧红·绝笔?》,《七十年代》。

二、作品研究

鲁迅:《萧红作〈生死场〉序》,《奴隶丛书》之三,上海容光书局1935年版;后收入《且介亭杂文二集》。

胡风:《〈生死场〉读后记》,《奴隶丛书》之三,上海容光书局1935年版。

张鸿飞:《〈生死场〉连环画》(六二幅并画家自序),《大众战斗图画丛书之一》,浙江丽水潮锋出版社1939年版。

谷虹:《呼兰河传》,《现代文艺》1941年第4卷第1期。

茅盾:《萧红的小说〈呼兰河传〉》,《东北民报》1946年12月6日。

德溶:《呼兰河传》,上海中华基督教女青年会《妇女》1947年第2卷第4期。

葛琴:《评萧红〈黑夜〉》,《散文选》,香港文化供应社1948年版。

曹聚仁:《谈抗战文艺的风格——兼论萧红的小说》,香港《文汇报》1957年8月3日。

阮郎:《马伯乐往何处去?》,香港《文汇报》1957年8月3日。

双翼:《读〈生死场〉小感》,香港《文汇报》1957年8月3日。

茅盾:《〈呼兰河传〉序》,《萧红选集》,人民文学出版社1958年版。

辛知:《萧红的〈跋涉〉》,《新民晚报》1963年9月24日。

舒年:《萧红三部》,香港《中报周刊》1970年4月10日、17日、24日。

许定铭:《论萧红及其作品》,香港《文坛》1972年第329期。

李辉英:《有关萧红、田军的文章》,香港《明报》1973年7月。

[美]葛浩文:《一本失落的书》,香港《明报》1976年4月

29日。

也斯:《萧红短篇中的几个女性》,香港《象牙塔外》1977年第21期。

刘以鬯:《萧红的〈马伯乐〉续稿》,香港《明报月刊》总第144期,1977年12月。

萧军:《〈生死场〉重版前记》,《生死场》,黑龙江人民出版社1980年版。

陈隄:《萧红的早期文学创作》,《黑龙江大学学报》1979年第1期。

狄:《萧红的最后一篇文章》,《文学评论丛刊》1979年第4辑。

《崇高的敬意,深切的怀念——谈萧红〈回忆鲁迅先生〉札记》,《教学与研究》1979年第2期。

蒋锡金:《萧红和她的〈呼兰河传〉》,《长春》1979年第5期。

余时:《萧红的诗》,香港《海洋文艺》1979年第6卷第7期。

方凌:《萧红著作年表》,吉林师大《函授学习》1979年第4辑。

丁言昭:《〈生死场〉版本考》,《文艺百家》创刊号,1979年10月。

[日]高昌穣:《萧红萧军著作日本译本》,东京来函(致萧军)附录,1979年12月3日。

骆宾基:《〈呼兰河传〉后记》,《北方文学》1979年第10期。

丁言昭、萧耘、方凌辑录，萧军补正：《萧红已出版著作目次年表》，《新文学史料》总第7辑，1980年2月。

丁言昭、萧耘：《萧红作品年表》，《东北现代文学史料》1980年第1辑。

［美］葛浩文：《〈生死场〉及〈呼兰河传〉英译版序》，台湾《联合报》1980年4月24日、25日。

牛耕：《一幅多彩的风土画——浅谈〈呼兰河传〉》，《龙江书苑》1980年6月号。

骆宾基：《写在〈萧红选集〉（香港版）出版之时》，《长春》1980年第7期。

许定铭：《关于萧红的〈旷野的呼喊〉》，香港《明报》1980年8月。

《已出版的萧红单行本著作》，《语文双月刊》1980年8月。

卢玮銮：《萧红在香港发表的文章——〈萧红已出版著作目次年表〉补遗》，香港《抖擞》双月刊1980年第40期。

吕福堂：《有关〈萧红自集诗稿〉的一些情况》（附《萧红自集诗稿》），《中国现代文学研究丛刊》总第4辑，1980年。

［日］中川后：《萧红研究纪录其一——关于〈生死场〉》，《野草》1980年第26号。

［日］平石淑子：《萧军萧红著作以及有关资料目录稿》，《野草》1980年第26号。

牛耕：《萧红与〈生死场〉》，《龙江书苑》1980年10月6日。

陈子善：《〈萧红已出版著作目次年表〉补遗》，《新文学史料》总第9辑，1980年11月。

杨王峰：《有关萧红的一篇小说》，《广角镜》1981年第100期。

[日]平石淑子：《萧红〈生死场〉论》，御茶之水女子大学《人间文化研究年报》1981年4月。

刘树声：《谈萧红的〈商市街〉》，《哈尔滨文艺》1981年第6期。

孙犁：《读萧红作品札记》，《大地》1981年第6期。

李熏风：《不以诗名，别具诗心——谈作为诗人的萧红》，《学习与探索》1981年第5期。

华铭：《论萧红的文学道路》，《辽宁师范学院》1981年第4期。

铁峰：《萧红小说简论》，黑龙江省文学研究所铅印，1981年。

李森：《略论〈生死场〉的现实意义》，《东北现代文学史料》1982年第4辑。

姜影：《萧红小说创作略论》，《东北现代文学史料》1982年第4辑。

张宇宏：《论萧红的创作》，《东北现代文学史料》1982年第4辑。

邢富君、陆文采：《农民对命运挣扎的乡土的文学——〈生死场〉再评价》，《北方论丛》总51期，1982年1月。

沈昆朋：《略谈萧红的〈马伯乐〉下部》，《东北现代文学史料》1982年第4辑。

季路：《抒情诗·风土画：萧红创作的特色》，《三联通讯》第16期。

张宇宏：《论萧红的创作》，《东北现代文学史料》1982年第4辑。

姜影：《萧红小说创作略论》，《东北现代文学史料》1982年第4辑。

李淼：《略谈〈生死场〉的现实主义》，《东北现代文学史料》1982年第4辑。

卢玮銮：《萧红在香港发表的文章》，《东北现代文学史料》1982年第5辑。

卢玮銮：《萧红〈花狗〉再现经过》，《星岛晚报》1983年8月3日。

杨雪平：《萧红的处女作〈春曲〉》，《东北现代文学史料》1983年第6辑。

丘立才：《〈民族魂——鲁迅〉之错漏》，《东北现代文学史料》1983年第6辑。

陆文采：《谈谈萧红创作的寂寞感》，《东北现代文学史料》1984年第8辑。

张宇宏：《论〈生死场〉》，《东北文学研究丛刊》1984年第1辑。

周细刚：《论萧红的早期创作》，《东北文学研究丛刊》1984年第1辑。

木风：《再谈〈跋涉〉》，《东北文学研究丛刊》1984年第1辑。

李戈民：《马伯乐形象谈》，《东北文学研究丛刊》1984年第1辑。

雷淑娟：《论〈呼兰河传〉》，《东北文学研究丛刊》1985年第2辑。

程仁章：《从〈马伯乐〉的成就看萧红的讽刺艺术》，《东北现代文学研究》1986年第1期。

萧斌如、华然：《萧红：青春与爱的象征》，《东北现代文学研究》1986年第1期。

姜志军：《简谈萧红的诗歌》，《东北现代文学研究》1986年第1期。

郎道蓬：《萧红研究没有冷落》，《呼兰师专学报》社会科学版1986年第2期纪念萧红诞辰七十五周年专号。

钟汝霖：《萧红与戏剧：兼论哑剧〈民族魂——鲁迅〉》，《呼兰师专学报》社会科学版1986年第2期纪念萧红诞辰七十五周年专号。

吴锦濂：《萧红散文与〈朝花夕拾〉》，《呼兰师专学报》社会科学版1986年第2期纪念萧红诞辰七十五周年专号。

陈世澂：《萧红与〈七月〉的文学因缘》，《呼兰师专学报》社会科学版1986年第2期纪念萧红诞辰七十五周年专号。

林计谋:《〈商市街〉漫笔》,《呼兰师专学报》社会科学版1986年第2期纪念萧红诞辰七十五周年专号。

徐树森:《论萧红短篇小说的写景艺术》,《呼兰师专学报》社会科学版1986年第2期纪念萧红诞辰七十五周年专号。

铁峰:《萧红的创作个性、心理和风格》,《呼兰师专学报》社会科学版1986年第2期纪念萧红诞辰七十五周年专号。

吴吟、珊婴:《超越时空的共同追求:〈生死场〉〈小鲍庄〉比较后》,《呼兰师专学报》社会科学版1986年第2期纪念萧红诞辰七十五周年专号。

白重喜:《劫波度尽未泯文星:论萧红成才》,《呼兰师专学报》社会科学版1986年第2期纪念萧红诞辰七十五周年专号。

关夜星:《从〈生死场〉到〈呼兰河传〉看萧红创作的基本风格》,《呼兰师专学报》社会科学版1986年第2期纪念萧红诞辰七十五周年专号。

萧红研究室:《我校人员近年萧红研究成果一览》,《呼兰师专学报》社会科学版1986年第2期纪念萧红诞辰七十五周年专号。

王淑琴:《萧红创作散论》,《东北文学研究史料》1986年第3辑。

三、纪念与回忆

莫洛:《陨落的星辰》,上海人间书屋1939年版;香港一新书店再版时名为《现代作家传略》。

《萧红病逝》,《解放日报》1942年4月8日。

《延安文艺界追悼女作家萧红》,《解放日报》1942年5月3日；同年6月4日重庆《新华日报》转载。

萧军：《零落》,《文艺月报》1942年。

高原：《悼乃莹》,《文艺月报》1942年。

白朗：《遥祭——纪念知友萧红》,《文艺月报》1942年。

刘白羽：《寄念萧红》,《文艺月报》1942年。

丁玲：《风雨中忆萧红》,延安《谷雨》1942年第5期。

张琳：《忆女作家萧红二三事》,重庆《新华日报》1942年5月6日。

陈纪滢：《忆萧红》,《大公报》1942年6月22日。

关吉罡：《无限同情的招祭——写于女作家萧红死后》,《大公报》1942年6月22日。

文若：《萧红的死》,《野草》1942年第4卷5、6期合刊。

[日]绿川英子（欧阳凡海译）：《忆萧红》,《新华日报》1942年11月19日。

无垢：《悼萧红》,《文化杂志》1942年第3卷第2期。

孔罗荪：《忆萧红》,《最后的旗帜》,重庆当今出版社1943年版；《大地》1980年第4期转载。

石怀池：《论萧红》,上海耕耘出版社1945年版。

景宋：《忆萧红》，《大公报》1945年11月28日。

戴望舒：《萧红墓畔口占诗》(《萧红墓照题诗录》)，《新华日报》1946年1月22日。

《东北文协纪念萧红》，重庆《新华日报》1946年1月23日。

景宋：《追忆萧红》，《文艺复兴》1946年第1卷第6期。

高兰：《雪夜忆萧红》，《东北民报·萧红纪念专号》1946年12月6日。

左忆：《悼萧红》(诗)，《东北民报·萧红纪念专号》1946年12月6日。

孟钊：《密林里的同伴》，《东北民报·萧红纪念专号》1946年12月6日。

冷岩：《看见萧军忆萧红》，哈尔滨鲁迅文化出版社《文化报》1947年11月29日。

袁大顿：《怀萧红》，香港《星岛日报》1948年1月22日。

北雁：《丁玲与萧红》，《青年知识》1948年第34期。

吴费：《萧红读书的故事》，香港《华商报》1948年6月19日。

夏衍：《访萧红墓》，香港《华商报》1948年。

郭沫若：《在东北女作家萧红墓前的演说》，哈尔滨《生活报》1948年11月21日。

梅林：《忆萧红》，《梅林小说散文选》，上海文化出版社1954年版。

冯瑜宁：《清明时节忆萧红》，《文艺杂谈》，香港自学出版社1955年版。

双沙：《休说萧红墓》，香港《文汇报》1956年4月11日。

陈凡：《萧红墓近况》，《人民日报》1956年12月6日。

林莽（李辉英）：《忆萧红》，香港《热风》半月刊1957年4月1日。

阿甲：《开花时节忆萧红》，香港《乡土》半月刊1957年7月。

叶灵凤：《萧红墓发掘始末记》，香港《文汇报》1957年8月3日。

陈凡：《送萧红骨灰内返》，香港《文汇报》1957年8月3日。

秦西宁：《悼萧红》，香港《文汇报》1957年8月10日。

端木蕻良：《纪念萧红，向党致敬》，《广州日报》1957年8月15日。

陈善文：《献给萧红》，《广州日报》1957年8月15日。

叶灵凤：《寂寞滩头十五年》，香港《文艺世纪》1957年9月。

李阳：《送别萧红骨灰归来后》，香港《乡土》，1957年9月1日。

辛文芷：《萧红骨灰迁葬纪》，香港《乡土》，1957年9月1日。

靳以：《悼萧红和满红》，《靳以散文小说集》，香港建文书局1959年版。

李辉英：《从萧红墓将夷为平地说起》，《李辉英散文集》，香港中南出版社1961年版。

林泉：《银河公墓有萧红》，《大公报》1965年12月15日。

［日］立间祥介：《论萧红》，《中国革命和文学》，日本平凡社1970年版。

李辉英：《萧红逝世三十周年》，香港《星岛晚报》1972年1月17日；《三言两语》，香港文学研究社1975年版。

《萧红墓究在何处？》，香港《南北极》1972年7月16日。

叶德星：《萧红迁葬十六年》，香港《明报》1973年6月16日。

丝韦：《端木诗·柳文·萧红》，香港《新晚报》1974年2月6日。

丙公：《忆萧红》，香港《新晚报》1975年3月10日。

周鲸文：《忆萧红》，香港《时代批评》1975年第433期。

聂绀弩：《浣溪沙·浅水湾吊萧红墓》，《新文学史料》1978年第1辑。

聂绀弩：《红墓五首》，《新文学史料》1978年第1辑。

陈隄：《悼萧红》（二首），《北方文学》1978年第2期。

萧军：《哈尔滨之歌》（之二），《哈尔滨文艺》1978年第8期。

萧耘：《鲁迅题字的一张照片》，《哈尔滨文艺》1978年第9期。

赵凤翔：《萧红论》，《开封师院学报》1979年第1期。

侣伦：《关于萧红骨灰迁葬》，香港《大公报》1979年2月16日。

张秀珂：《重读〈呼兰河传〉，回忆姐姐萧红》，《海燕》1979年5月。

丁言昭：《我将与蓝天碧水永处》，《文教资料简报》1979年第

91期。

萧耘：《梦寄红姨》，《语文双月刊》1979年第1期。

萧军：《寄病中悄悄》（诗），《语文双月刊》1979年第1期。

金伦：《"牵牛房"佚事》，《东北现代文学史料》1980年第2辑。

袁时洁：《"牵牛房"忆旧》，《哈尔滨日报》1980年8月3日。

高原：《离合悲欢忆萧红》，《哈尔滨文艺》1980年12月号。

姜德明：《关于萧红骨灰安葬的日期》，《新文学史料》总第8辑，1980年。

王中义：《呼兰河畔怀萧红》，香港《大公报》1981年5月30日。

彦桦：《萧红诞辰七十周年纪念》，香港《明报》1981年5月30日。

彦火：《关于萧红及其他》，香港《文汇报》1981年6月10日。

刘树声：《春花献萧红》，《哈尔滨日报》1981年6月16日。

伊之美：《人民没有忘记她》，《黑龙江日报》1981年6月21日。

《纪念萧红诞辰七十周年盛会在哈召开》，黑龙江作协《创作通讯》1981年第4期。

《纪念萧红，学习萧红——塞克、萧军、舒群同志讲话》，黑龙江作协《创作通讯》1981年第4期。

《蒋锡金从北京寄给大会的信》，黑龙江作协《创作通讯》1981年第4期。

《葛浩文从美国来函》，黑龙江作协《创作通讯》1981年第4期。

白朗、罗烽:《纪念挚友加战友萧红七十周年诞辰》,黑龙江作协《创作通讯》1981年第4期。

厉戎:《重见萧军忆萧红》,黑龙江作协《创作通讯》1981年第4期。

张坚持:《萧红故乡的喜悦》,黑龙江作协《创作通讯》1981年第4期。

王德芬:《鲁迅与萧军、萧红》,《芒种》总第36期,1981年9月。

钱理群:《改造民族灵魂的文学——纪念鲁迅诞辰一百周年与萧红诞辰七十周年》,《十月》总第19期,1982年。

端木蕻良:《萧红逝世四十周年祭》(诗二首),《北方论丛》总第51期,1982年1月15日。

钟汝霖、陈世澂:《民主革命的优秀文艺战士萧红》,《北方论丛》总第51期,1982年1月15日。

诸君:《纪念萧红诞辰七十周年盛会在哈召开》,《东北现代文学史料》1982年第4辑。

李丹、应守岩:《萧红知友忆萧红》,《东北现代文学史料》1982年第5辑。

王淑琴:《挽歌》,《东北现代文学史料》1983年第6辑。

梁山丁:《纪念萧红诞辰七十五周年〈长夜萤火〉出版》,《呼兰师专学报》社会科学版1986年第2期。

张秀珂:《回忆我的姐姐萧红》,香港《中报》1986年4月29

日—30日。

四、研究专著

《萧红资料集》，香港陶斋书店1970年版。

《萧军与萧红》，香港陶斋书店1970年版。

[美]葛浩文（郑继宗译）:《萧红评传》，香港文艺书屋1979年版；台湾时报出版公司1980年修订版。

周锦：《论〈呼兰河传〉》，《中国现代文学研究丛书》二十八，台湾成文出版公司1980年版。

萧军：《萧红书简辑存注释录》，黑龙江人民出版社1981年版。

茅盾等（王观泉编）:《怀念萧红》，黑龙江人民出版社1981年版。

肖凤：《萧红传》，天津人民出版社1981年版。

萧军：《鲁迅给萧军萧红信简注释录》，黑龙江人民出版社1981年版。

蒋锡金：《怀念萧红》（手稿）。

谢霜天：《梦回呼兰河》，《东北现代文学史料》1982年第4辑（选载）。

陈宝珍：《萧红小说研究》，《东北现代文学史料》1982年第4辑（选载）。

铁峰：《萧红评传》，《东北现代文学史料》1982年第5辑。

陈隄：《萧红评传》（手稿）。

诸家：《萧红研究》，《北方论丛》1983年第4辑。

五、其他

鲁迅纪念委员会：《鲁迅先生纪念集》，文化生活出版社1937年版。

[苏]B.H.罗果夫：《回忆我搜集鲁迅材料的时候——摘自三十年代在重庆的笔记》，《远东问题》1980年第4期。

王秋萤：《满洲新文学史料》，开明图书公司1945年版。

许广平编：《鲁迅书简》，鲁迅全集出版社1946年版。

左亿：《东北作家群像》，《东北民报》1946年11月28日、30日，12月4日。

萧军：《鲁迅先生书简》（选注），《文化报》1948年。

吴费：《萧军的故事》，《文艺生活》1949年4月15日。

王瑶：《中国新文学史稿》，上海新文艺出版社1953年版。

《鲁迅日记》，人民文学出版社1959年版。

孙陵：《萧军的悲惨命运》，《浮世小品》，正中书局1961年版。

孙陵：《端木永做负心人》，《浮世小品》，正中书局1961年版。

欣知：《萧红与绘画》，《新民晚报》1962年11月30日。

赵聪：《三反健将萧军》，《三十年代文坛点将录》，香港后人书局1970年版。

大蛮:《端木蕻良卖酸梅汤》,香港《南北极》1972年第25号。

黄俊东:《回忆鲁迅先生》,《书话集》,波文书局1973年版。

舒平:《萧红谈鲁迅》,香港《大公报》1975年3月10日。

李立明:《东北名作家萧军》,香港《中华月报》1975年第21期。

李立明:《端木蕻良小传》,香港《大任周刊》1976年第23期。

翁灵文:《怀端木蕻良》,香港《大任周刊》1976年第23期。

《鲁迅书信集》,人民文学出版社1976年版。

[美]葛浩文(郑继宗译):《萧红及萧红研究资料》,香港《明报》月刊1977年第139期。

刘以鬯:《周鲸文先生谈端木蕻良》,《端木蕻良论》,香港世界出版社1977年版。

[美]尼姆·威尔士:《现代中国文学运动》(《活的中国》附录一),《新文学史料》1978年第1辑。

《萧红遗简——致许广平》,《文艺百家》创刊号,1979年。

锡金:《读萧红遗简题书后》,《文艺百家》创刊号,1979年。

刘树声:《漫谈萧红与美术》,《哈尔滨文艺》1979年。

华蓉:《萧军现在怎么样了?》,香港《动向》月刊1979年3月。

王扶:《访萧军》,黑龙江《出版工作》1979年第四期。

[美]葛浩文:《关外的乡土文学》,台湾《中国时报》1979年9月。

萧耘:《鲁迅与奴隶社》,《文艺百家》创刊号,1979年。

里栋:《三十年代在哈尔滨东北作家作品目录索引》,《东北现代文学史料》1980年第2辑。

王观泉:《被人遗忘:不甘,不甘》,《东北现代文学史料》1980年第2辑。

丁言昭:《美好的礼物——读美国文学博士著〈萧红评传〉》,《北方文学》1980年第8期。

[美]葛浩文:《〈跋涉〉失而复得小记》,台湾《中国时报》1980年8月。

[美]葛浩文:《从中国大陆文坛的"萧红热"谈起》,香港《中报》1980年第8期。

《研究萧红的参考书——〈怀念萧红〉》,《龙江书苑》1980年10月。

夜游人:《戴望舒与萧红交情好》,香港《明报》1980年11月。

陈隄:《论萧红研究》,《求是学刊》1981年5月。

[美]葛浩文:《评介〈梦回呼兰河〉》,《台湾日报》1981年5月9日。

张雪:《萧红版权之争》,香港《快报》1981年6月10日。

伊之美:《三个奴隶的解放》,《北方文学》1981年6月号。

肖凤:《我为什么要写萧红传》,《哈尔滨文艺》1981年第9期。

丹雄:《两萧的〈跋涉〉》,香港《大拇指》半月刊1981年10月。

尚民:《香岛之山梦已空——读〈怀念萧红〉》,《大公报》

1981年10月。

［美］葛浩文:《访萧红故里墓地始末》,《创作通讯》1981年第3期。

［日］前野淑子:《萧红研究在日本》,《创作通讯》1981年第4期。

沙金成:《关于〈马伯乐〉续稿的写作与发现》,《四平师院学报》1982年1月。

沙金成:《关于萧红的〈弃儿〉》,《文学评论》1984年第1期。

王连喜:《萧红故居修复考查小记》,《呼兰师专学报》社会科学版1986年第2期。

（按：本索引原刊于《东北现代文学史料》第4辑,1982年3月出版。本书辑入时,题目及《编者说明》未作改动,唯资料篇目及排序曾由葛浩文先生及香港三联版责任编辑梅子作了适当补充及调整。补入的资料篇目,限于1986年年底前所见及的部分。）

英文原版序[1]

30年代的中国，在各方面都极端活跃，战斗的意识到处弥漫。自民国开创以来的二十多年中，中国经历了日渐扩展而未完成的民主革命，昙花一现的帝制复辟，持续不断劳民伤财的军阀混战，中国共产党的成立，以及在斗争中的不断成长。在这段动乱的岁月中，中国文学的方向产生了剧烈的转变：自20年代的所谓"文学革命"，转变成30年代的"革命文学"。这种显著的左转倾向牵涉大部分当时文坛的知名作家，因此使文艺界成为革命和抗日战争的前锋。这时期，作家在社会以及政治舞台上都扮演了极为重要的角色。

在当时文坛知名的新进作家中，有几位是来自东北。这几位同时并起的东北作家在30年代至40年代的中国文坛上都非常活跃。其中萧红可以算是最传奇也可能是最有天赋的一位东北作家。她曾与其他两位来自东北的作家（萧军、端木蕻良）相恋，同时也和其他几位作家保持着深厚的友谊。她自出版第一部小说——《生死场》以后便闻名全国，直到1942年客死香

---

[1] 原香港文艺书屋版《萧红评传》英文原版作者序。

港，广大读者对她的爱戴始终不衰。虽然在政治上萧红不属于任何党派，也不是文艺社团中的活跃分子，但她却与当时文坛的许多知名人士有深厚的友谊。在中国，有关萧红的研究资料比其他东北作家，甚至比若干当代文豪还要丰富。但是，西方研究当代中国文学的学者，却把她冷落了。

本书传记部分的主要目的是要把萧红毕生事迹以编年方式介绍给读者。遗憾的是，这一目的并不能完全达到，主要原因不是资料欠缺（请参看所附的书目），而是因为目前有关萧红的资料有的无法求证，有的互相矛盾，不足采信。因此在记述萧红生平时，难免会有或大或小的几段空白。至于萧红作品的叙述，作者手边有她全部作品资料，其中包括三部小说，一批短篇和散文，几首小诗，以及她在1933年至1941年期间所写的杂文。

本书是以萧红的生活及其时代背景作为研究她的全部作品的根据。如此，读者才容易了解为什么她有些作品成功，而有些作品却失败。

萧红的作品并不算多，因此笔者可以就她的全部作品，根据文笔的优劣及其在文学上的重要性一一加以评介。本书对于作品的评介按照出版的先后进行。这样处理难免会影响到生平叙述的一贯性，但是却能收到深入了解萧红作品的效果，借以弥补在传记方面断断续续的缺憾。

1976年

香港初版序[1]

1972年某一天，我坐在印第安纳大学办公室里写报告，那是一门由我的指导教授柳无忌先生开的传记文学讨论课，我的题目是《萧红传略》。萧红这位东北女作家在美国知名度不算高，我是在读了她的作品之后决定写她的，事实上这篇报告只是第一步，因为当时我已经决意以萧红为翌年博士论文的题目。

那个学期我搜集了许多萧红的资料，其中以骆宾基的《萧红小传》最重要（至少就她的晚年来说是如此）。骆宾基这本传记带有很浓厚的个人色彩，因为他在香港与萧红时相往还，虽然我在里面发现不少错误，但仍然不得不承认它在某些方面的权威性。

有好几个月时间，萧红的一生不断回绕在我脑海中。写到这位悲剧人物的后期时，我发现自己越来越不安，萧红所受的痛苦在我感觉上也越来越真实，我写到她从一家医院转到香港临时红十字会医院，我只需写下最后一行，便可加上简短的附录和我的结论。

---

[1] 即原香港文艺书屋版《萧红评传》作者序。

但是我写不下去——那一刻，我已在不知不觉中抛开了过去我所接受的以客观、理智态度从事学术研究的训练，不知怎的，我竟然觉得如果我不写这最后一行，萧红就可以不死。难过了一阵，我放下笔，走出办公室，以散步来平复激动的心情。一小时后，我回到办公室，很快写下那"不幸"的一行：

1942年1月22日十一点，萧红终以喉瘤炎、肺病及虚弱等症逝世。

现在萧红在我脑海中已经死了七年（实际上她已过世三十七年）。这期间，我两度到中国香港、中国台湾和日本，见到许多萧红的朋友和崇拜她的读者，讨论她的生平与创作，并且继续读她的作品；同时写文章做深入的研究；更翻译了她的小说。1974年我的博士论文获得通过，两年后付印出版，在这里我要谢谢我的同事兼友人郑继宗，他的兴趣、热心和才气，使这本我到今天还怀有复杂情感的书的中文本得以问世。同时我要向自始支持此一计划并贡献心力的其他朋友，申致由衷的谢意。

我不敢说是我"发现"了萧红的天分与重要性，那是鲁迅和其他人的功劳，不过，如果这本书能够进一步激起大家对她的生平、文学创作，和她在现代中国文学中所扮演角色的兴趣，我的一切努力就都有了价值。

1979年

哈尔滨版序[1]

一

撰写传记是一件极为困难的事，因为不但要顾及主角生平的种种事件在历史下的透视、发生的年代及其产生的不同意义与贡献，同时还需兼顾到其他复杂纷纭的因素；这些因素包括主角本身的性格、性格的发展、心路的历程，以及世界观的形成，还有在生命里扮演不同角色的演出。

另一种难处则是作传者本身的心态问题：当然如果能纯粹客观，那自是至臻理想，但问题在于怎样保持客观的距离？最初为了客观，距离当然越远越好，但一旦浸润于主角的生平事件及各种动态，距离便越来越接近了。尤其在日夜翻阅、分析、演绎各类文献资料以后，自自然然作传者与被传者产生一

---

[1] 即北方文艺出版社版《萧红评传》的《再版序》。

种水乳交融、心灵相通的境界，如此又庶免于主观了。至于此种主观是作传者之福，或被传者之祸，问题仍然存在于不符切实之嫌；这也就是为什么各种传记对同一主角都言人人殊吧。但事实上，这也不是一件坏事，因为作传者的任务除了忠实记录外，还要更真实地把主角的生平面貌呈现出来，在这呈现的过程中或有主观与偏见的情绪存在（那就更欠缺客观因素了），但不多不少却能给主角、读者，与历史之间演绎出某种"真理"。在我看来，传记是没有绝对的，同样真理也不是一面性的，所以我愿意指出，这本书不是萧红唯一绝对的评传，但或许是"真理"的其中一面。

二

除了美洲版、中国香港版及台湾版外，此书算是第四种版本了。这并不等于我对萧红的研究已告一段落，相反，她仍然在我计划中的各种学术研究里占了一席重要的地位。我因为相信作者的生平研究是次要的，故今后主要仍顾及怎样把萧红的长短篇小说及散文放在一个更广泛的平面，即中国现代文学以及世界文学里面。

此书本来准备1982年出版，但因我忙于完成种种的工作计划而拖延至今；这种延误对我而言却成为了一种方便，因为我不但能争取到研究萧红的各种最新资料，更能有机会再把萧红的作品细读及重新对它们做出另一些新的批评透视。

此书为《萧红评传》,"传"指萧红的生平,而"评"则指对其文学作品的评论。在作传方面,有两个问题曾困扰过我,那就是资料方面质与量的考虑。在繁杂的资料中,自然有错漏之处,其中包括主观扭曲的错误。我曾一一把它们过滤出来,去芜存精;书上的注脚可能用得太多了,但我的目的是方便参阅(就连最近再版的版本也列出,主要是为了读者方便)。另一目的是补充和支持我个人种种的看法。碰到一些分歧的资料,我往往采用了近人的见解;我也尝试去了解文件作者背后的想法,我不敢保证我的处理全对,但读者却可以从这些资料中去做出自己的判断。

在分析萧红的文学作品时,我着重于自己的艺术分析多于社会性的演绎,这也并不等于我完全忽视社会性的因素,只是因为我相信萧红的作品如"艺术品"处理自会比当作"社会文件"处理来得有效。

三

我要求出版社保留我的旧序,因为"原序"记录了我最早的计划与想法,而"香港初版序"仍代表了我对萧红和我的萧红研究的看法和感觉。

我要向下列人士致以我衷心的谢意:郑继宗曾翻译了我最

早的《萧红评传》版本。陈青、陈清玉曾替我抄写或校对了本书的一部分。萧军、端木蕻良、舒群、骆宾基、罗烽、白朗、黄源、周海婴、丁玲诸君让我在访问中能获得他们与萧红交往的资料。肖凤、陈隄、铁峰、丘立才、卢玮銮、刘以鬯、丁言昭、戈宝权诸先生提供了不少的资料与见解。陈少聪全面览阅了本书文稿及做了不少修正。雪燕、关沫南、林绍纲、周艾若、延泽民、中流诸君在我造访哈尔滨时所提供的协助与接待令我难忘。其他还有很多对此书付出心血的朋友，我不能一一在此尽录了。

至于王观泉先生，我则无法在文字中表达我对他的谢意，以及感激他对我的友情。

最后，我把这书献给呼兰的人民，他们该感到多么骄傲，因为在他们的土地上曾产生出一位中国如此卓越的文学家。他们更应为他们的庄重与乡情感到自豪，萧红是他们的作家，所以《萧红评传》也该是他们的书。

1985 年

香港再版序

　　整整七十五年以前（1911年），命薄如花的东北小说家萧红出生于远在关外的黑龙江省哈尔滨市附近的呼兰镇。十年以前（1976年），我的《萧红评传》（英文版）在美国获得初版。我想为纪念这两种对我蛮有意义的"里程碑"，把该书的中文版在萧红一生的终点所在地——香港，出"最后"的增订版。此短序写毕后，我便登机飞往哈尔滨进行约一年与萧红无关的研究工作。因此只好在此向萧红（暂时？）告辞，希望今后会有更多的人对她的作品发生兴趣，甚至于加以分析、研究。

　　这书之所以能与读者见面是因得到潘耀明、张志和二位先生极为热心的支持与帮忙，在此致谢。

1986年